张发财 著

岳麓書社·长沙

张发财的野史

陈晓卿

张发财，新浪微博知名博主，每天深夜定时出现，抽冷子发几条历史掌故，然后整夜和粉丝干仗，他的生活似乎一直这样。

生活里的张发财，正经职业是一名平面设计师，在业内小有名气，有拿得出手的作品，也获过不少奖项。他的设计古灵精怪，脑洞巨大，常常让人抚案称奇。比如，他为我设计过《舌尖上的中国》的海报，把泼墨山水处理成家乡咸肉，给观众留下了深刻印象。

和发财相识，还是博客时代。当时，我们都在罗永浩的牛博网更新博客，一来二去便熟络起来。发财东北人，热心肠，特仗义。每次见面必喝必醉，醉了之后就胡乱许愿，醒来后又只好费老大劲还愿。前面说的那张海报就是他酒后答应的差事，分文未取，真便宜了公家。我周围好多人也喜欢找他帮忙，设计个图书封面、个性名片、公司logo、产品包装……一般来说，义务帮忙，差不多就行了，没人会当回事，但发财不同，老认真了，而且充分体现了专业精神。

我另一个东北籍朋友王小山，前两年创业，开网店卖酒。小山是社会活动家，会忽悠，先找了个懂酒的人到日本找到一家传统工艺酿酒的作坊，接着找了个文化人帮忙取了“一梦如是”的名号，再找来书法家题了字，最后找到张发财设计包装。小样发来的时候，大家全体膜拜，酒标下方像群山一样的剪影，实际上是小山未老先衰的侧脸。张发财确实是个聪明人。他的聪明劲儿实在藏不住，总像八块腹肌的 C 罗一样，得空就要拿出来秀一下。

他确实有这个虚荣心。不过，虚荣心也有受挫的时候。

比如，一说到美食，发财就不那么自信，甚至会像散黄儿的鸡蛋一样无力。原因在于他是在黑龙江长大，成年后却因命运的安排定居在广西南宁。人的口味朝向定型，基本完成于自己的童年时代，之后不管落脚哪里也难以改变。而张发财在南宁，味觉简直找不到北。

作为混迹美食江湖多年的食客，我有资格说，南宁，是个美食汇聚、口味多元之地：既有泛粤语区的岭南广式烹饪，也有桂柳风格的山地料理，还兼具少数民族地区的狂野食俗。采集狩猎、农耕商贸的文化影响，均可以从这里的食物中品味出来。但不管我在微博或朋友圈说到南宁什么大菜小吃，张发财都会一脸不屑：“难吃！”

有次，我写了一篇关于南宁柠檬鸭的专栏文章，大概对发财有所触动，他特地带着媳妇驱车几十公里去了远郊的高峰镇，那是我文章中提到的地方。饭才吃了一半，发财就打电话来和我理论，说柠檬鸭既咬不动，味道又奇怪，非让我把这顿饭的钱、汽车的油钱以及过路费给他报销了。他怒气冲冲地在电话里骂个不停，他媳妇是南宁土著，赶紧抢了电话道歉，解释说“发财东北人，味蕾数目只有中国人平均水平一半”之类的话。发财一听更急眼了，抢过电话说：“下回你来南宁，我必须亲自带你吃一顿。”

后来，我真的吃了他请的饭，半年后吧。那是个很豪华的餐厅，大个儿的水晶吊灯，鲜红的转盘桌子，每道菜都装在镶金边的盘子里，每次上来都有民乐齐奏、灯光变色以及干冰汩汩流淌……菜我就不细讲了，简单报个菜名儿吧：锅包肉、地三鲜、小鸡炖蘑菇、猪肉炖粉条、豆腐侉炖鱼……看着五彩祥云笼罩的乡土料理，我心说：太像春晚舞美了吧！而且内容也全是东北口味。

我超级热爱南宁的早餐：老友粉、八珍粉、生榨粉、卷筒粉……但发财居然从来没吃过！到今年6月，他已经在这里住了整整20年，但仍然无法与这座城市达成某种默契，仍然保持着无法融入的客人心态。从文艺理论的角度分析，发财是一个有乡愁（nostalgia）的人。其实，我去过发财的老家，站在第三方的角度客观讲，无论食物的种类还是精细程度，和南宁都无法相比。

然而发财的口味就是这么执着。南宁夜色下，无论在邕江边鲜活鱼生摊档，还是中山路摩肩接踵的粥店，你都能看到一个披着长发包着金牙的细高个儿，落寞地凝望远方，然后低下头，在微博上写下：南宁，我无法爱你，你为什么没有大腰子！饮食对人的世界观是有影响的，天长日久，无论是设计还是写作，张发财的角色定位都很难有代入感，而是一个冷冰的旁观者，像加缪笔下的马尔索，一个超脱的局外人。

说到局外人，自然就说到写作了，张发财的另一个身份是网络作家。

据我所知，这本书是张发财的第五本书，没记错的话，他之前写过《一个都不正经》《大家都很2》《历史就这七八样》《十三不靠》，内容也都是扯历史的闲篇儿。事实上，张发财骨子里是个文化人，爱读书，阅读范围广，而且短期记忆能力突出。20多岁时，他给自己定下的目标是通读“二十四史”，结果在30岁前居然完成了这个目标，并且把它当成是献给自己而立之年的生日礼物。

读史明智，喜欢历史的人，一般来说三观都错不到哪里去，所以，这篇序言原先的题目是《认真扯下历史的蛋》，我的重点落在认真扎实上，别看发财的文字表面风骚放荡，充满各种秀智商的桥段，但这些都是建立在他饱读经典、勤于考证的基础之上。在大量的历史典籍中惯看了秋月春风，心如止水，落笔之前，总带着知识分子的责任感，这种责任感游离于琐碎的日常生活以外，所谓“地命海心”是也。克罗齐说，所有的历史都是当代史。每个人在阅读和梳理历史碎片时，都会有所关注，有所选择，而这种选择的背后，其实站立着自己的价值观。

当然，发财最有趣、最招读者待见的，还是他扯闲篇儿的能力。张发财是一个非常出色的story teller（讲故事的人），这可能与“出了山海关，都是赵本山”的地域基因有关，也和他的聪明劲儿有关。人类对故事有天生的渴望，发财笔下的历史，能把正史写成野史，把野史写成《知音》《女友》《故事会》。

张发财对读者的心理需求了然于胸，善于在历史的犄角旮旯里找出所谓的“硬货”。这些故事往往有着惊悚的外观，比较离奇，并且完全超出一般人的知识储备范围。这与发财平时阅读的芜杂有关。他在传统正史里寻找死角，在史学论文网站发现兴奋点，在历史笔记与个人回忆录中考证真伪，在中外史料里构建某种有趣的关联。我知道一件私密的事情，每次找到比较冷僻的书籍，发财买回来，都要给自己题写一句话：赠发财，供吹牛皮用。

发财的文字最令人称道的，是非凡的想象力。游戏文字看似简单，当然也要功力，这一点上，发财在设计方面的通感能力得到了用武之地。他的想象力和拼接能力一流，比如，“明月几时有？把酒问青天！”青天说：“咸平二年四月癸亥（999年5月28日）。”是日，包青天头顶明月，出生于安徽合肥。

再比如，顺治元年四月己卯（1644年5月27日），多尔衮率清军至山海关，吴三桂开关出迎，当天受降仪式上的压轴节目是“三跪九叩”，吴三桂犹豫推托，这怎么可以？必须跪。肯定跪了，吴三跪嘛。这种历史PS技术有时多么让人惊喜。

当然，正经学历史、从事历史研究的专家，或许会认为张发财的历史闲篇儿有点粗浅，有点轻浮，或者有点盲人摸象。前面说到发财时常在微博上与人争论，他给自己的定位不过是一个历史爱好者。能让一脸肃穆的历史偶尔露出些孩童的天真，我看这是件好事。

读张发财的文章，我时常会有仿写的冲动。比如要让我按照张发财的历史写作模式，我完全能勾勒出另一个张发财。这个故事名叫：张发财野史。

1999年年底，南宁人陈芳茗正忙着操办婚事，门外突然有个东北口音的男人，拎着啤酒瓶子前来寻衅。芳茗听说东北人打架不要命，不敢开门，倒是他的未婚妻娃娃非常镇定："让他进来。"

进来的人名叫张发财，是娃娃的大学同学，两年前为了追求娃娃，尾随来到南宁，成为邕漂一族。见到娃娃的张发财立即收了彪悍，怂了："哥，嫂，要不要喝点？"就这样，陈芳茗夫妇和张发财一见如故，每天都要在一起喝酒。

十几年过去，芳茗和娃娃的女儿已经上了小学，张发财依然漂在南宁。他觉得现在这样每天和陈芳茗厮守的日子挺好的，他已经忘记自己为什么来南宁了，他只知道，这个世界上，他最爱的人，名叫陈芳茗。

上面这个狗血故事如果拿给张发财看，他肯定会说，无一字不是事实，这就是张发财的野史。他出生在东北，为了爱情跑到南宁，他爱喝酒胆子小，1999年，他正式用张发财这个名字混江湖，之前，他的学名叫陈芳茗……对，没错，他最爱的人是他自己。

张发财就是个自恋的人。

阅读指南

1. 本书不是专业历史研究书籍，您可以视其为娱乐书籍或文学读物，建议在马桶上、交通工具上阅读，在饭局上、聚会中谈论。

2. 本书史料虽主要来自正史、回忆录、史料笔记、学术专著等资料，但因来源繁杂，作者不能保证全部准确，如和史实有出入，欢迎前往作者微博拍砖。

3. 文中出现的部分所谓名言、名句、名诗、名段，为作者虚构或演绎，请一笑了之，切勿引以为人生信条。

4. 文中注明“扯淡”“据说”“推测”的段落，请千万不要当真。

5. 本书对所涉人物观点仅代表作者本人，请不要和作者一般见识。

目 录

原来如此

人五人六

三教九流

行为皆艺术

历史的半边天

怪力乱神

原来如此

只尝胆，不卧薪

某天晚上阿砮坐在我床上吃饼干，这个小东西吃东西很有特点，喜欢把餐饮跟娱乐相结合，具体做法是把一块块饼干当成积木，平铺在床上，或者做城，或者做堡，或者做城堡，然后满意地一块块摧毁它们。于是睡到半夜被饼干渣硌醒，后背看起来像东北的干豆腐，满是细密的坑点儿。

由此想到了“卧薪尝胆”的勾践，睡在柴垛上的这个励志青年的后背会是什么样？可能像一张纵横交错的交通地图吧：粗柴压出高速公路，细柴压出省道，一节节的铁路是混进柴垛里的竹竿硌出来的。

然而勾践背上的这张地图是不存在的，先秦文献中并没有勾践“卧薪尝胆”的记载。《左传》一书记述了大量勾践当政国事，但没有提过他“卧薪尝胆”，《国语》中的《吴语》和《越语》记载了吴越之间的战争，也没有关于勾践“卧薪尝胆”的叙述。直到司马迁在《史记》中提及勾践“置胆于坐，坐卧即仰胆，饮食亦尝胆”，才开始出现勾践“尝胆”的说法，但只说他“尝胆”，没提

“卧薪”。司马迁是个实在人，有一说一很少犯二。

此外，根据记载推断，勾践睡在脏乱的柴垛上也不太可能。勾践是一个有着浓郁小布尔乔亚情怀的文艺青年，他喜欢兰花，在自家的兰渚山上开荒种兰，并专门修了个兰亭用来赏花。像勾践这样注重生活品质具备文艺情怀的人，不太可能浑身沾满柴草败絮坐在亭子里赏兰。当然这个推断说服力不够，兰亭尽管优雅，也出现过不顾形象的坏蛋，晋永和九年（353），王羲之就带着一堆酒鬼在这个兰亭聚众闹事，吐了一池子。

勾践只是尝胆，并没有卧薪。至于勾践睡在什么上面，杜甫在《壮游》一诗中给出过一个模糊的答案，说他就睡在戈上。杜甫诗曰“枕戈忆勾践”，王洙注释此诗说，越王勾践“出则尝胆，卧则枕戈”。《说文》解释：“戈，平头戟也。”戈是古代的兵器，就像一把大型镰刀。

按照杜甫的诗意描述，勾践应该是“卧戈尝胆”，那么“卧薪尝胆”这个成语应该归属于谁？答案是孙权。给出这个答案的也是一位诗人，他就是苏东坡。苏东坡在《拟孙权答曹操书》一文中，模拟孙权的口吻对曹操说：“仆受遗以来，卧薪尝胆。”按照苏东坡的文章所说，睡柴垛上的是孙权，跟勾践没有关系。

实际上，“卧薪尝胆”这个词不但跟勾践没有关系，跟孙权也没有关系。《后汉书》《三国志》都不见记载孙权卧薪。孙权的卧具是床或榻，关于它的形制，东汉刘熙在《释名•释床帐》中解释得很清楚："人所坐卧曰床。床，装也，所以自装载也。长狭而卑曰榻，言其体榻然近地也。"一般而言，汉代以八尺以上为床，八尺以下为榻，孙权理所当然是睡在床上，非要跟柴火有联系，也是睡在柴火妞上，睡纯柴火上纯粹是苏东坡胡说八道。

苏东坡写文章一直不靠谱。嘉祐二年（1057）苏东坡参加考试，在答卷里写道："当尧之时，皋陶为士，将杀人，皋陶曰'杀之'三，尧曰'宥之'三。"当时主考官是欧阳修，阅卷是梅圣俞，两人都不知道这话出自何处，但又不能说自己没读过。直到后来彼此熟悉了，梅问苏这话哪来的，苏东坡回答得理直气壮："我瞎编的。"

苏东坡的影响很大，他创造的"卧薪尝胆"这个词听起来既奋进又悲壮，此后便成了励志成语。但这个成语的归属权很快就由孙权转让给了勾践，从南宋开始便专属勾践了。蒲松龄的对联"有志者，事竟成，破釜沉舟，百二秦关终属楚；苦心人，天不负，卧薪尝胆，三千越甲可吞吴"更坐实了这一成语的归属权。

最后，解释一下"薪"字。《说文》曰："薪，荛也。""荛"的意思是柴草，所以"卧薪"既可以理解为躺在柴垛上，也可以理解为躺在草垛上。但一般用"卧薪"，"卧草"听着不文雅。

背黑锅的“纵火犯”项羽

记得当年我们班历史课上，历史老师讲到秦亡之时，项羽火烧阿房宫，恰好隔壁班语文老师在讲《葫芦僧乱判葫芦案》。于是这边历史老师开始跑题，说阿房宫会不会是葫芦僧的四儿子葫芦娃烧的？那边语文老师跑题说“阿房宫，三百里，住不下金陵一个史湘云”；这边历史老师说，阿房宫怎么连一个姑娘都住不下？那边语文老师跟着跑，说阿房宫很大的，只是史姑娘胖得有点超凡，塞不进去。是的，我们的历史课和体育课一样，以跑为主。

阿房宫确实很大，放在当下也是宏伟建筑。司马迁在《史记》中提及阿房宫的前殿规模为“东西五百步，南北五十丈，上可以坐万人，下可以建五丈旗”。古代的“步”与现今不同，现在的一步当时叫“跬”，迈出现在的两步才叫“步”，有一句话叫作“不积跬步，无以至千里”，“跬步”就是现在的一步、当时的“半步”。以此推断，阿房宫前殿的东西跨度是现在的1000步，有600到700米。这个数据还可以更精确，据《汉书·律历志》记载，秦汉时一步合六尺，当时的一尺为23.2厘米，换算为公制，阿房宫前殿的东西跨度为696米；十尺为一丈，阿房宫前殿的南北长度则有116米。由此可知，阿房宫前殿建筑的周长是1624米，史湘云的腰围最小值为1624米。一组数据，两个课题，善哉。

根据杜牧《阿房宫赋》所说，阿房宫这座宏伟壮观的建筑被项羽烧掉了，“楚人一炬，可怜焦土”。项羽确实放过火，但他在放火这个领域的业绩并不突出。《史记•项羽本纪》提到项羽放火有四次：第一次，项羽“悉引兵渡河，皆沉船，破釜甑，烧庐舍，持三日粮，以示士卒必死，无一还心”；第二次，也就是项羽最著名的一次放火，是公元前207年火烧咸阳，鸿门宴后项羽“引兵西屠咸阳，杀秦降王子婴，烧秦宫室，火三月不灭”；第三次，项羽“北烧夷齐城郭室屋，皆坑田荣降卒，系虏其老弱妇女”；第四次，项羽找来一口锅，威胁刘邦说，不投降就烧水煮了他父亲刘太公，不料刘邦根本不在乎，放言说“吾翁即若翁，必欲烹而翁，则幸分我一杯羹”，项羽被这个无赖弄得没了脾气，只好把泡冷水澡的刘太公放了，点火未遂。就是项羽最著名的第二次放火，被杜牧诬陷成“火烧阿房宫”并千古流传。文艺作品的影响是巨大的，项羽就这样背上了放火的黑锅，这个“火锅”一背千年，没有汤底，也没有刘太公。

杜牧文章写得漂亮，但以上内容基本胡说八道，项羽并没有烧过阿房宫。司马迁说得很清楚，项羽“烧秦宫室”，焚烧的是咸阳城内建筑群。而阿房宫地处咸阳偏东的郊区，中间有广阔的隔离带，要烧掉阿房宫，除非有火炬手接力。即使有火炬手，这把火也烧不到阿房宫，因为两地之间还隔着渭水这条大河。众所周知，有个名叫“自由女神”的火炬手，举着火把望洋兴叹就是过不去对岸，悲愤到石化。这把火想要过江除非发生在赤壁之战的时候，不过诸葛亮借的是东风，火还是会被吹回咸阳。除了地理和气象因素，还要考虑个人心理因素，人所共知，项羽死活不肯过江东，而阿房宫，正在渭水之东。

除了有史料支持“项羽并未火烧阿房宫”这一结论外，实地考证也显示，阿房宫所在地并没有发生过火灾。土壤遇高温后水分流失，其中的有机物、矿物质和金属离子发生改变，会出现板结固化的现象，形成无法再次分解的红烧土层。以汉阳陵东阙门遗址为例，汉武帝时期该陵园曾发生火灾，2011年在此考古时发现大面积红烧土遗迹。因此，阿房宫若经过焚烧，其后必然存在大面积的红烧土和瓦砾堆积遗存。很遗憾，考古工作者在阿房宫前殿遗址20万平方米的范围内进行勘探，只发现几小块红烧土残痕和灰烬。查资料，很巧，勘测的前一年此地办过烧烤节。

以项羽的性格，他不可能放过阿房宫这么宏伟壮观的建筑群。项羽之所以手下留情，是因为阿房宫当时根本没有建成。阿房宫始建于始皇帝三十五年（前212），《史记·秦始皇本纪》说这一年“阿房宫未成”，两年后嬴政去世，阿房宫“室堂未就”，工人转去骊山修建陵寝。二世皇帝元年（前209）四月，继位的胡亥批示说，先帝的陵寝已经修好，阿房宫可以复工了。但三个月后阿房宫又停工，这年七月陈涉在大泽乡起义，天下大乱，“山东郡县少年苦秦吏，皆杀其守尉令丞反，以应陈涉，相立为侯王，合从西乡，名为伐秦，不可胜数也”。秦二世忙得晕头转向鹿马不分，阿房宫因此彻底停工。

阿房宫虽然未建成，但“火烧阿房宫”的黑锅却扎扎实实地落在了项羽头上，不但群众信，老师也信。我们老师就说：“秦朝特别不适合房地产开发，尤其是不适合搞大型建筑工程。建个阿房宫，被项羽烧了；修个长城，被孟姜女哭倒了。”我们老师除了教学，还是街道民间故事创作小组组长。

力能举鼎，亦可背锅。项羽背的这口黑锅，确实是《阿房宫赋》铸造的。杜牧有趣，不但信口开河诬陷项羽放火，还编造出一个凄美的故事，说阿房宫里的宫女们可怜啊，等秦始皇临幸足足等了36年，老嬴就是不来，“有不得见者，三十六年”。前文已述，阿房宫根本未建成，为了使这个凄美的爱情故事成立，宫女们只好在草地上住了36年帐篷。这哪里是秦朝？分明是元朝。

李白的剑术

在中国古代，剑不仅仅是武夫手中的武器，即便是文人也喜欢佩剑。

佩剑是一种身份的象征。《初学记》有载："古者天子二十而冠，带剑；诸侯三十而冠，带剑；大夫四十而冠，带剑；隶人不得冠，庶人有事得带剑，无事不得带剑。"因此，这种佩剑的装饰性成分居多，并不经常使用。而真正使剑的文人中，李白比较知名。

李白确实很喜欢剑。《新唐书》说李白"喜纵横术，击剑，为任侠"。李白"击剑"能够被写入正史，说明他的剑术水平应该可以。

不过诗人总是有个毛病，这个毛病就是如果身体没什么毛病，精神就会出现毛病，就会妄想自己文武双全、文韬武略、独占鳌头、独霸武林。李白在这一点上表现得尤为突出，在自我陶醉和自我催眠中表现得无以复加，又因其强大的影响力和自我宣传能力，发展出一众拥趸，俨然成为公众剑神。

李白对其剑术的自我宣传主要通过作诗。有粉丝统计，在《全唐诗》收录的李白大量诗作中，除去地名外，出现表示武器的“剑”字多达百余处，因而给大家留下其剑术凌厉凶猛的印象。

李白关于剑术的诗句，脍炙人口的莫过于以下这些：

一是出现在《结客少年场行》中的这句：“笑尽一杯酒，杀人都市中。”二是著名的《侠客行》中的这句：“十步杀一人，千里不留行。”

大家看到这几句诗，都觉得李白的剑术水平很高。然而这全是美好的误会，上面几句诗跟李白没有任何关系，前诗说的是荆轲，后诗说的是燕赵侠士。而且“十步杀一人”这句诗根本不是李白的原创，此句出自《庄子•说剑》中的“臣之剑，十步一人，千里不留行”，《说剑》一篇的作者是谁虽有争议，但其成书年代远早于唐。然而，李白的这些诗句实在太深入人心，读者也不求甚解，于是把作者当成了主角。

当然，李白也在诗作中说过自己很厉害，比如：“闲骑骏马猎，一射两虎穿。回旋若流光，转背落双鸢。”李白也曾描述自己杀人的情节，根据他的说法，前辈曹植七步一诗，他自己一步一尸。李白《赠从兄襄阳少府皓》有句：“托身白刃里，杀人红尘中。”他的粉丝魏颢在《李翰林集序》中也说李白“少任侠，手刃数人”，说他一出门便尸横千里，李太白上街，殡仪馆上市云云。

但以上种种描述可信度极低。开元年间天下太平，当街行凶，逍遥法外，还大肆宣扬，于情于理都很荒唐。并且没有任何文献记载这期间李白曾经受到过惩戒，若其真有行凶事，“诗人”早就成“尸人”了。《唐律疏议·斗讼》中条款规定：“斗殴者，元无杀心，因相斗殴而杀人者，绞。以刃及故杀者，谓斗而用刃，即有害心；及非因斗争，无事而杀，是名‘故杀’，各合斩罪。”意思是说，斗殴杀人致死的，处以绞刑，绞是恩赐，有全尸。而李白炫耀“手刃”，这种拿凶器杀人的，是要处斩的，脑袋都保不住，“李白”变“子曰”。

众所周知，中国最著名的预言帝就是李白，每有日本地震、印尼海啸之类重大事件，他的藏头诗就会出现。善于藏头的李白还是李白，并没有变成“子曰”，因此，李白不可能持械杀人，这是其一。其二，可能李白少年时参与过的斗殴只是治安案件，被口头教育之后就放了，只不过诗人嘴硬，“杀人”二字频频出现在诗中，如“杀人如剪草”“杀人红尘中”“杀人都市中”，等等。总之，诗中的李白“杀人不眨眼”，因为总不眨眼，甚至影响了视力，把明月光看成了地上霜。

那个时代的诗人都挺喜欢谈论杀人，就连杜甫这种老实人也说过“杀人红尘里，报答在斯须”。只不过，杜甫没有受过专业武术训练，只敢“夜雨剪春韭”，而李白确实是练过的。

李白在《与韩荆州书》中说自己是“陇西布衣，流落楚汉。十五好剑术，遍干诸侯”。为了学习剑术，李白还专门去了山东，他在《五月东鲁行答汶上翁》一诗中写道：“顾余不及仕，学剑来山东。”李白的这次学习经历，也是其拥趸吹捧他剑术精妙的重要论据，因为李白的师傅很厉害，乃“大唐第一剑客”裴旻。

《太平广记》所引《独异志》记载了裴旻的一则事迹：裴旻的母亲病逝，他请画圣吴道子作壁画超度亡灵，其间为画家表演剑舞助兴时技惊四座。裴旻“走马如飞，左旋右抽，掷剑入云，高数十丈，若电光下射。旻引手执鞘承之，剑透室而入。观者数千百人，无不惊栗”。吴道子兴致顿起，问如何练成神技。裴旻答曰：“吾本姓表，脑袋多劈开几次就成了。”

因为这个故事，李白的粉丝以“名师出高徒”推断，李白的剑术在唐朝应该排第二。名教练确实能够培养出人才，但不是绝对的因果关系，比如中国男足。更何况，李白是否真的跟裴旻这位剑术大师学过艺也还有疑问。

李白拜师裴旻一事见载于《翰林学士李公墓碑》，裴敬在这篇文章中说，李白“常心许剑舞。裴将军，予曾叔祖也。尝投书曰：如白愿出将军门下”。个人分析，李白很可能是客套，若他真的与裴师傅练过，“李白”估计被劈成“李臼”了。而且，这位大师也有过“败走麦城”的经历，《唐国史补》说裴旻守北平时，曾一天射杀31只老虎，但当地农民说他杀的不是虎，是彪。待到遇见真虎时，裴旻的表现崩溃了，虎只吼了一下，“旻马辟易，弓矢皆坠”，作为中纪委打虎办后备干部，裴旻的仕途就此夭折了。确实如此，《旧唐书》《新唐书》都没有他的传记。

粉丝说李白剑术厉害的证据，除了李白的师傅裴旻，还有李白的徒弟武谔。李白在《赠武十七谔》一诗中说自己这个徒弟很凶悍，有春秋要离的狠劲，曾许诺从敌占区把李白的儿子伯禽救出来。有李白粉丝认为，徒弟如此暴戾恣睢，师傅肯定更是心狠手辣。这套推理甚至不如“名师出高徒”论，徒弟功夫高低跟师傅关系不大，比如孙悟空和唐僧。

千古文人侠客梦，“宁为百夫长，胜作一书生”是当时文人的普遍情怀，李白如此，不足为怪。

行文至此，李白的剑术水平到底如何？李白《叙旧赠江阳宰陆调》一诗可供参考。李白在这首诗中回忆当年，说我李白少年时鲜衣怒马漂亮得很，“腰间延陵剑，玉带明珠袍”，谁料遇见一伙不解风情的臭流氓，把我堵在北门一顿打，若不是你陆调先生冲出重围找警察，我身体就快被打肿，零件就要被打丢，“太白”变“大白”了，此后，只能和岳不群修炼“辟邪剑法”了。

杨继业之死

按评书《杨家将》的说法，一代名将杨继业是遭潘仁美陷害，兵败后头撞李陵碑而死。不清楚评书创作者为什么安排这种死法给杨继业，大约是想把他的死写得悲壮，不料输入法出了毛病，“悲壮”成了“碑撞”。这个新颖的死法倒也符合杨继业一贯死磕的性格，就将错就错了。万幸写的是悲壮，若是写他性格刚烈，《杨家将》可能就要改名《菊花残》了。

历史上确有杨继业其人，根据正史记载，他的死也确实悲壮。杨继业死于北宋雍熙三年（986），这一年宋太宗兵分三路北伐辽国。与评书中稍有不同的是，这次征辽组合，除了潘仁美和杨继业为西路军正、副统帅外，还有一个凌驾于潘、杨两人之上的领导——西路军的监军王侁，就是这个王侁，直接促成了杨继业之死。

北宋初年名将云集，朝廷之所以派遣杨继业出征，一是因为他的战斗力强，二是因为他与辽军作战经验足。

杨继业确实所向克捷，《宋史》记载他早年与辽军“雁门一战”时说，“会契丹入雁门，业领麾下数千骑自西陉而出，由小陉至雁门北口，南向背击之，契丹大败”。这一战打得辽军四下溃散、狼奔豕突。此后，“契丹望见业旌旗即引去”，看见杨继业的旗帜就闻风丧胆。

所以雍熙三年这次战役，西路军所向披靡，连拔了朔、寰、云、应四州之地。不料中路军、东路军出师不利，很快被辽军击溃，本想三军会师于幽州与契丹决战的北伐，变成了西路军孤军深入。而此时，解决掉北宋中、东两路军的契丹军，集结十万兵力准备与杨继业的西路军决战。这种情况下必须迅疾撤退，但北宋政府命令西路军在撤退时，将收复的各州居民迁回宋朝境内。

恰此时辽军已经攻陷寰州，堵住了西路军的退路，也切断了各州联系。杨继业在军事会议上提出一个计划：避开正面寰州之敌，率军直趋应州，抄敌之后，攻其背部，迫其回救，再派人暗中通知云州、朔州守将做好撤退准备，以西路军吸引辽军主力，奔袭过程中牵制辽军，为各州居民回迁争取时间，减轻军事压力。杨继业的计划很巧妙很合理，会议室响起了雷鸣般的掌声。

不料这个计划被西路军权力最大的督军王侁一票否决。王侁主张正面迎敌，击退辽军后统一撤离，由于意见不同引发了一场争吵。《续资治通鉴》中关于这次争吵的记载最为详尽。杨继业对王侁决战意见的看法是：“不可，此必败之势也。”王侁则咄咄逼人一剑封喉：“君侯素号无敌，今见敌逗挠不战，得非有他志乎？”意思是：宋军兵强马壮，杨继业你又骁勇善战，绰号“杨无敌”，如此推脱是不是想投靠辽国？杨继业顿时哑然，他并非北宋原厂配置，是随北汉皇帝刘继元过来的降将，根不红苗不正，除了政治信任度低，老婆偏偏又叫“太君”，怀疑他投敌做汉奸也不算无理取闹。

事已至此，为解除猜忌以证清白，杨继业必须出征跟辽军死磕。王侁的缺德之处在于，他命令杨继业孤军出战，自己却躲在后方乘凉。不甘心白白受死的杨继业又提出一个作战计划：在陈家谷摆下步兵弓箭手，左右翼用来增援，设计一个埋伏圈，他做领着鬼子进包围圈的王二小，诱敌深入，进入包围圈后，左右翼立即用步兵夹击救援他。这个计划也很巧妙很合理，会议室再一次响起了雷鸣般的掌声。

但杨继业觉得这掌声很刺耳，此去凶多吉少，十有八九是活不成了，于是觉得自己有点像蚊子，掌声是为了拍死他。出发前，杨继业对潘仁美说：“此行必不利。业太原降将，分当死，上不杀，宠以连帅，授之兵柄；非纵敌不击，盖伺其便，将立尺寸功以报国恩。今诸君责业以避敌，业当先死于敌。”

心怀阴影的杨继业行军途中，阴影又加重一层，《辽史》载，杨继业这次出征“至狼牙村，心恶之，欲避不可得”，姓杨的遇见了狼，这个心理暗示让他认为此行大概有去无回了。杨军情绪很伤感，士气很低落，于是攻击辽军的这场仗打得很不畅快，纠缠了整整一天才按计划把敌军引进包围圈。

然而，苦战至黄昏，本想等待伏兵解救脱身的杨继业，却被狠狠地放了一个大鸽子，监军王侁中午就撤军了！被当羊肉涮了的老杨“望见无人，即拊膺大恸”。绝望的杨继业率众悲愤突围，置于死地迸发出的力量是可怕的。杨继业疯狂杀戮，身中数十处创伤，带伤再战，又杀了数十百人，后兵刃被夺，与部下再“张空拳击杀数十人”。为什么杨继业有如此恐怖的战斗力？《宋史》给出了答案：“业不知书，忠烈武勇。”他没上过学，正所谓“没文化真可怕”，此言不虚。

杨继业最终还是被契丹将领耶律希达射中，坠马被擒。《宋史》《续资治通鉴》说他被俘后坚决不降，绝食三天而死。而《辽史·圣宗本纪一》说得更详细更惨烈，杨继业“疮发不食，三日死，遂函其首以献”，他死后头被割下，装在盒子里进献。

杨继业的死，宣告北伐彻底失败。诸州守卫听说杨继业已死，“皆弃城遁”。令辽国人吃不好睡不好的杨继业终于死了，不过想到他还有七个儿子，辽国人大约又睡不着觉了。但也未必，盘点“七郎八虎”的辽国人念叨着：“杨大郎、杨二郎、杨三郎、杨四郎……杨……杨……杨……”睡一个好觉。

最后，要为千古奸臣潘仁美翻案。致使杨继业被俘的推手不是潘仁美而是王侁，潘仁美非但不是阴险毒辣的小人，反倒是善气迎人的敦厚人。并且对于吴宇森上身，疯狂放鸽子的王侁先撤退的行为，潘仁美是不同意的，建议等，等等等等。但王侁根本不听潘仁美这个英特尔开机配乐，“美不能制”，遂撤军。

或许这个事例不足以证明潘仁美的仁厚，再说一个《宋史》记载的故事。宋太祖夺权初入宫，见到周世宗的儿子，问赵普和潘仁美怎么处理。赵普说杀，潘答：你我从前都给世宗做事，杀了实在对不起原老板，不如让我领回家养着吧。

潘仁美这么一个清清白白、宅心仁厚的人，也不知怎么就得罪了说书的，为王侁背了一千多年黑锅。不清楚《杨家将》的创作者为什么要黑他，大约是因为他原来工作单位的原因。《宋史•潘美传》载：“会周世宗为开封府尹，美以中涓事世宗。”潘仁美的工作单位是开封府，我们都知道，这个地方的公务员是必须被黑的，作为后起之秀的包拯包大人更是被黑得体无完肤。

还原真实的宋江

要知道，一个作家如果不擅长拉郎配，是不合格的。“拉郎配”就是瞎联想、乱做媒，然后胡乱嫁接。明朝作家施耐庵就是此中翘楚，此人以史籍、话本、笔记为基础，东拉西扯生产出一个“及时雨宋江”的故事。故事好看，但不是史实。施耐庵远不及其弟施耐德靠谱，施耐德生产的电器杠杠滴，不怕受潮，不怕及时雨。

首先声明，这篇文章是严肃扯淡，以《宋史》为基础，还原真实的宋江。

《宋史》中关于宋江的记载共有三处。在《宋史·徽宗本纪四》中，宋江第一次出场：宣和三年（1121），“淮南盗宋江等犯淮阳军，遣将讨捕，又犯京东、河北，入楚、海州界，命知州张叔夜招降之”。由此可知，真实的宋江和众兄弟的活动范围，大略在今天的山东、河北、苏北一带，这是一伙没有根据地，轻装劫掠的流寇。他们也不是没想过上梁山，宋江曾与众兄弟许诺：“待到占据梁山泊，一人一个祝英台。”

但宋江这伙人始终没有稳定的根据地，他们选择流窜作案的主要原因是怕被围剿。宋江采用流动游击战术的好处有二：一是有利于反围剿，二是可以钻宋朝军事体制的空子。宋朝正规军一般由中央统一指挥，机动性不足，地方守备部队则像动感地带，“谁的地盘谁做主”，不方便越界，想追却追不上，只能眼巴巴瞅着。所以宋江的生活如喂鸽子的梁朝伟一般逍遥，早上在海州看日出，晚上到江北看日落，深夜则去京东看奶茶妹妹，顺便下个订单。

宋江怕被围剿是因为兄弟不足。宋江军队人数在第二条史料里有交代，据《宋史•侯蒙传》记载，亳州知州侯蒙上书，言“（宋）江以三十六人横行齐、魏，官军数万无敢抗者”。按此说法，宋江一伙人根本没有108将，只有36人。这也解释了宋江选择流窜作案的直接动因：三十六计，走为上。当然，宋江军队实际人数没这么少，不然不可能打得官军抱头鼠窜，“数万无敢抗”。侯蒙所言的36人应指36股势力，保守估计，宋江军队可能有1024人。

侯蒙上书提及宋江军队的人数，是为他后面的建议做铺垫：“（宋江）其才必过人。今青溪盗起，不若赦江，使讨方腊以自赎。”侯蒙的打算是招安宋江，再用他去打方腊的起义军。但侯蒙上书后不久便死掉了，此事便没了下文。

那么，宋江与方腊到底打没打过仗？根据《宋史》记载推断，应该没有。史载宣和三年方腊败局已定，四月被俘，而在之前的二月，宋江投降。如果他们俩打过仗的话，理论上只有两个月的作战时间。60天内，宋江首先要消除朝廷猜忌取得信任，然后上报朝廷获得批准，再整编军队，奔赴战场……这在实际操作层面上几乎不可能完成，除非走床头路线，由李师师直接引荐宋江给宋徽宗。但李师师当时忙得焦头烂额，既要和躲在床下的周邦彦情歌对唱，又要和床上的宋徽宗吃橙子，根本没有空余时间搭理宋江。所以，《水浒传》中武松拿获方腊的情形是不可能出现了；所以，武松的胳膊白掉了；所以，武松和杨过成立了“断臂山”组合，惺惺相惜去了。

对于“方宋之战”，《三朝北盟会编》《皇宋十朝纲要》《续资治通鉴长编》《折可存墓志铭》《捕盗偶成》等文献中略有提及，说两人交过手，但上述资料间存在严重的冲突，有兴趣可以自行查阅。

第三条史料交代了宋江闹事之结局。据《宋史•张叔夜传》记载：“叔夜使间者觇所向，贼径趋海濒，劫巨舟十余，载掳获。于是募死士得千人，设伏近城，而出轻兵踞海，诱之战。先匿壮卒海旁，伺兵合，举火焚其舟。贼闻之，皆无斗志。伏兵乘之，擒其副贼，江乃降。”宣和三年开始，宋江的运气没了，屡战屡败，最后窜入海州境内，本打算占据岛屿做海盗，不料被海州知州张叔夜伏击，海盗船被焚毁，“江哥哥要过海，船没了，妹娃子推不了你”，于是降了大宋。《宋史》中关于宋江的记载就这样戛然而止了。

关于宋江的投降，作为一名二手作家，我也学施耐庵先生瞎联想、乱做媒，然后胡乱嫁接一次：话说宋江有意降宋，又怕兄弟们不情愿，于是开会表决时手指张清问：“此为何人？”众头领齐声道：“没羽箭！”“好。既然都没意见，全票通过！”

卖国贼秦桧的前半生

我在幼年时代就是个很有文化的小孩，这得益于我所受教育的多元和高端：一是远程声控电化教学，二是近距视觉图像培养。具体来说就是：听广播和看小人书。经过以上双项教育，我知道中国唯一一处吐痰不罚款的旅游景点就是杭州西湖，因为那里的岳飞墓前跪着卖国贼秦桧。

后来去了杭州西湖，当然没吐成秦桧。一是传闻不实，边上参观的小子喉咙“咳”到关键，突然出现戴红箍的管理员，只好气吞山河地咽回去了；二是作为有文化的按揭艺术家，看完《宋史》觉得吐他不够理直气壮。

历史教材对秦桧盖棺论定：臭名昭著大奸臣、屈膝投降卖国贼。这个总结用来概括秦桧后半生的活动没什么不妥，但对于前半生的秦桧来说则有失公允。卖国贼秦桧早期的形象相当正面，可以说是肝胆昆仑、铁骨铮铮，甚至精忠报国。

靖康元年（1126），金军第一次围攻北宋首都汴京，要求宋朝割让太原、中山、河间三镇。面对这一无耻要求，赵家人的反应是犹豫不决。摆在面前两种选择：打，宋军顶不住；和，面子挂不住。对于帝王来说，疆土面积当然越大越好，但如果面临政权危机和身家性命问题，疆土就相当于阑尾，割了也就割了。衡量再三，心中已经趋向求和的赵家话事人正准备动刀，反对派出现了，代表人物就是当时在国子监担任学正的秦桧。

秦桧慷慨上书言兵机四条：一是说金人贪得无厌，请求只答应割燕山一路；二是说金人狡诈，不能放松守备；三是请求召集百官详细讨论，选择恰当的语言写入誓书；四是请求在城外设馆安置金使，不让他进入城门和宫殿。平心而论，秦桧对敌我双方的认识和判断十分准确，其建议也是克制、得体、有节。不料皇帝就是要和，对秦桧辛辛苦苦凑出的“四条”，就是不吃不碰也不杠。

如果这四条只是试探性建议，目的是了解上峰真实意图，秦桧应该迅速转向。恰此时皇帝给了他打转向灯的机会，任命他去做议和大使。秦桧的反应令人惊讶，他坚决不做卖国贼，上书说：“是行专为割地，与臣初议矛盾，失臣本心。”为表达矢志不渝的态度，斩钉截铁接连写三封辞职信：“你不上阵打仗，我不上班打卡。”秦桧的表现相当刚直不阿、正气凛然，会场响起雷鸣般的掌声。

秦桧的忠贞爱国之路走得令人肃然起敬。北宋派出的割地大使捎回话来，如不满足割地要求，金国就打进汴京城。靖康元年十一月，宋政府召开御前会议，召集百官在延和殿商议对策。议和派认为割地像割双眼皮，越割越美；主战派认为割地像割洋葱，会流泪的。双方吵得不可开交，只好举手表决，“范宗尹等七十人请与之，桧等三十六人持不可”，70人赞成割地，36人坚决不同意，秦桧是36人之一。站在少数派立场的秦桧确实胸怀救国大义，并不是沽名钓誉博取声名。

然而，抗金形势并不美妙。靖康元年“闰十一月，汴京失守，二帝幸金营”，不但丢了首都，还丢了两个皇帝，几乎整个宗室都被金军掳走，只有康王赵构跑掉了。赵构能跑掉可能跟他的名字有关系：赵GO。

更坏的消息又从敌营传来，赵家江山难保。靖康二年（1127）二月“莫俦、吴开自金营来，传金帅命推立异姓。留守王时雍等召百官军民共议立张邦昌”，大金国要废掉赵家，改由笔者之姓的张家掌控天下。刺刀下竟也有虚假民主，金国为了利于统治，收买宋朝官员，装腔作势征求官僚的意见，然而百官军民“皆失色不敢答”，没有反对声音。在赵家最困难的时刻，秦桧又一次挺身而出，与监察御史马伸“共入议状，乞存赵氏”，又发自肺腑写了一封反对信。信很长，中心思想是天下必须是赵家的，张家没有资格掌控，“你也配姓赵”云云。

秦桧这次据理力争付出了代价，“金人怒，执桧”，“寻取桧诣军前”。秦桧被金人抓了，他的建议当然也不可能被采纳，靖康二年三月“金人立邦昌为伪楚”。随后，秦桧“从至燕山，又徙韩州”，跟着回师的金兵去了东北。根据这段时间的表现，秦桧依旧是为赵家慷慨赴难、不畏生死的正义男儿。

再然后，康王赵构建立南宋，不思统一，“直把杭州作汴州”，持续一百多年的宋金割据开始了。“有康师傅，要什么统一？”在杭州的康王心里嘀咕。

秦桧到底是不是卖国贼？严格来说不算。即使到了绍兴八年（1138），秦桧对议和还是很抵触。这年十月，宋高宗赵构再次议和，秦桧对赵构说：“臣僚畏首畏尾，多持两端，不值得和他们决断大事。若陛下决心讲和，请专与我商议，不要让群臣干预。”高宗不假思索就同意了：“朕只托付卿一人来办。”秦桧又说：“不要这么着急议和，请再考虑三天。”三天后赵构进一步表明议和决心，秦桧又请赵构再考虑三天。三日又三日，秦桧终于确认赵构议和的决心坚定不移，这才正式写下奏章请求议和。追责到最后，赵构才是卖国贼。

气死兀术，笑杀牛皋？

《说岳全传》的结尾很有戏剧性：

牛皋趁势翻身，骑在兀朮背上，大笑道："兀朮！你也有被俺擒住之日么？"兀朮回转头来，看了牛皋，圆睁两眼，大吼一声："气死我也！"怒气填胸，口中喷出鲜血不止而死。牛皋哈哈大笑，快活极了，一口气不接，竟笑死于兀朮身上。

金兀朮被牛皋坐在身上这件事，评书里没说发生的具体时间。个人推断应该发生在四五月间，只有这段时间才可能"金、牛、坐"。

当然，发生在十一月也有可能，因为牛皋的最初职业是射手。《宋史》载："牛皋，字伯远，汝州鲁山人，初为射士。"射手牛皋甫一出场，战绩便让人眼花缭乱，正所谓"人掷箭则无敌"。先是"金人入侵，皋聚众与战，屡胜"，又是"讨剧贼杨进于鲁山，三战三捷，贼党奔溃"，再是"金人再攻京西，皋十余战皆捷"，后是"又与李董战鲁山邓家桥，败之"。牛皋总是

“遇敌战辄胜”，把金人凌辱得体无完肤。

严格意义上，牛皋是两栖的，是射手也是水手。南宋建炎四年（1130），“巨寇杨么据洞庭，屡攻不克”，盘踞在洞庭湖的杨么开始造反，发展势头迅猛，几年后，造反军的装备惊人，已经拥有了航空母舰，“楼船十余丈，官军徒仰视，不得近”，“浮舟湖中，以轮激水，其行如飞，旁置撞竿，官舟迎之辄碎”。

“杨么据洞庭寇鼎州，王躞久不能平，更命岳飞讨之”。朝廷几次围剿都不成功，无奈之下调来了岳家军。岳飞无愧战神之号，仗打得很漂亮，摧枯拉朽、势如破竹。围剿杨么的最后关头出现了戏剧化的一幕：“么技穷，举钟子仪投于水，继乃自仆。皋投水擒么，飞斩首函送都督行府。”岳家军已经把杨么团团围住，不料杨么突然使诈，抱起伪太子满脸幽怨地问牛皋，我和他同时掉水里，你先救谁？牛皋还在思索，杨么抱着孩子“扑通”跳水了。精通水性的牛皋一跃入水抓住杨么，交给岳飞砍了杨头上缴国库。

历史总是让人产生浓郁的荒诞不经又一本正经的穿越感，人、事、物不断昨日重现，牛皋身上便发生过这种事。

建炎四年冬，密探说金兀朮南侵庐州，南宋群众“人心怖骇，不知所为”。危急时刻牛皋率兵救援，所向披靡，很快打散了敌军包围圈。不料刚散又聚，再打再散再聚，打仗成了打麻将，打了一圈又一圈。打到第三圈时意外发生："其副徐庆忽坠马，敌竞赴之，皋掖以上，手馘数人。"牛皋的副手徐庆突然从马上摔了下来，牛皋反应迅速，将徐庆救起夹在腋下，连砍数人全身而退。

牛皋威猛异常，但似曾相识，与《新唐书》所述程咬金北邙山之战的情形简直一模一样："行俨先驰赴敌，为流矢所中，坠于地。知节（程咬金）救之，杀数人……乃抱行俨重骑而还。"

这一战牛皋不但招魂了程咬金，还附体了张飞。牛皋救起徐庆后，《宋史•牛皋传》载："皋遥谓金将曰：'牛皋在此，尔辈胡为见犯？'众皆愕然，不战而溃。"如出一辙的事迹见载于《三国志》，当阳桥一战张飞"据水断桥，瞋目横矛曰：'身是张益德也，可来共决死！'敌皆无敢近者，故遂得免"。一声喝把人吓退，战斗力令人心惊，盘点古今悍将，除了张飞、牛皋，谁与争锋？

刚要感慨，发现张飞的英勇事迹也不是原创，而是盗版于司马迁的《史记》。项羽兵败欲渡乌江时，"赤泉侯为骑将，追项王，项王瞋目而叱之，赤泉侯人马俱惊，辟易数里"。

历史学家笔下的人物，撞脸撞到鼻青脸肿，根本分不清项羽、张飞、程咬金、牛皋，如同剃了头发的汪涵和徐峥，本来就让人恍惚，偏又都端着一桶老坛酸菜面。

总而言之，抗击金军的这一战确实胜了，时间恰好是建炎四年十一月戊辰日，也就是1130年12月31日。第二天新年，军民簇拥着牛皋齐呼：“Happy牛爷！”《宋史》就这样记载的，爱信不信。

若信，再说下牛皋和金兀术的死。《宋史》说牛皋死得很憋屈，死因是食物中毒：“绍兴十七年（1147）上巳日，都统制田师中大会诸将，皋遇毒，亟归，语所亲曰：‘皋年六十一，官至侍从，幸不啻足。所恨南北通和，不以马革裹尸，顾死牖下耳。’明日卒。”牛皋的对手金兀术则病死于第二年，“气死兀术，笑杀牛皋”纯属瞎编罢了。

关于唐伯虎的美丽误会

以风流闻名于世的唐伯虎其实和风流没什么关系，起码在少年时代没有关系。唐小虎是职业屠宰匠，其父唐德广是摆宵夜摊的，而摊上最优秀的员工就是唐小虎，杀鸡宰鹅择菜切墩全是他。唐伯虎在写给文徵明的信中回忆起自己少年时代的形象是威风凛凛的：“居身屠酤，鼓刀涤血。”

唐小虎后来转行读书，一个原因是其父觉得做官才有前途，另一个原因是总碰到流氓地痞消遣他：“要十斤精肉，切作臊子，不要见半点肥的在上面。”切完，“再要十斤都是肥的，不要见些精的在上面，也要切作臊子……”唐小虎先是杀猪一身是血，又被流氓地痞打得一身是血，通身血红，好像年年都是他的本命年，于是羞愤，弃武从文读书去了。

祝枝山对唐伯虎的评价是“性绝颖利，度越千士”，说他是聪明绝顶之人。唐伯虎16岁考取生员，但天生对求取功名不热衷，之后一直游手好闲。十年后在好友祝枝山劝告下，他才重新开始读书。

荒废学业十年的唐伯虎发现，下次科举就是明年。不过唐先生确实不同凡响，只温习了一年功课，就在应天府乡试中考取举人，更霸道的是居然得了第一，中了解元。

然而，“唐第一”在接下来的会试中瞬间变为考试专用的2B铅笔。爱迪生说过：“天才是1%的学习加上99%的作弊。”这次考试就验证了这一名言。作弊的是一个叫徐经的江阴土豪，他贿赂主考官的家童偷得试题，事情败露被捕入狱。本来这事跟唐伯虎没什么关系，但他莫名其妙被牵连，竟被皇帝下诏关进了监狱，直到转年才弄清楚缘由。让他出狱时的解释更加莫名其妙：因为这场舞弊案猫腻太多，猫没找到，只能捉猫的近亲唐伯“虎”。呜呼，苛政猛于虎！

因为被徐经牵连下狱，唐伯虎烦透了徐姓人士。实际上，在这之前他就烦姓徐的，我们都知道，一个男人最烦的，肯定是自己的老婆，而唐伯虎的大老婆恰恰就姓徐。

关于唐伯虎的婚姻生活，最有名的故事当然是“三笑点秋香”，但这是个误会。“三笑”的故事脱胎于明代小说，男主角叫陈元超，是冯梦龙把他的名字换成了唐伯虎，而女主角秋香的原型是妓女林奴儿，她比小唐大20多岁，完全可以给他当妈，小唐点她根本不可能。不过因此事引出的笑话倒是有趣：某日，潮流先锋秋香小姐要唐伯虎给她起个外国名，要求在名字中体现“点秋香”的恋爱故事，于是小唐给她起名为“唐伯虎•秋香”。

世间谣传，“韦小宝＋2版”的风流才子唐伯虎有九个老婆，这又是一个误会。唐伯虎一生只娶过两个女人，前任是徐氏，继任则姓沈，名叫沈九娘。因为名字带了“九”，后世疯传唐先生睡过九个母老虎。“按此推理，沈万三是不是有一万个小三？”莫名其妙的重婚罪让唐伯虎很恼火。

作为文人的唐伯虎，是差点参与过战争的，只是最终未遂。正德十四年（1519），宁王朱宸濠起兵造反，不过运气不佳，43天后便被政府军击败，随即伏诛。宁王谋反时广纳谋士，重点网罗的对象中就包括唐伯虎，曾重金邀请他到王府上班。可能是早期屠宰事业的熏陶使得唐伯虎对血腥气尤为敏感，上班第一天，他就察觉宁王要杀伐天下，血溅神州。为避祸，唐伯虎打算遁走，但姓朱属猪的宁王朱宸濠“真猪吃老虎”，吃定了唐伯虎，死活不批他的辞职报告。虎落江西被猪欺的唐伯虎，为辞职演出了一场令人崩溃的行为艺术，据《明史》记载，唐伯虎“佯狂使酒，露其丑秽”，每天必喝到烂醉，醉后必满街裸奔。宁王实在不能忍受唐伯虎这场癫狂的行为艺术表演，终于“不能堪，放还”。

躲过灾祸的唐伯虎从此看破红尘，高世之才开始放浪形骸，饮酒狎妓，颓废放纵，“筑室桃花坞，与客日般饮其中，年五十四而卒”。

偷懒的“图片编辑”王元翰

历史教科书中的人物画像为什么长得一样一样的？

这事儿是我家伪知识分子，也就是我爹发现的。伪知识分子雄心勃勃要画一套中国帝王像，临摹材料用的是1985年版历史教科书上的画像。经过半个月的耕耘，他选择了放弃，因为从嬴政到刘秀到李隆基到赵匡胤，中国帝王长得都一样：光头强的倭瓜脸，加菲猫的肿眼泡，蜡笔小新的八字眉，慢羊羊的山羊胡子。不但长得一样，更过分的是衣服的褶皱都一模一样。伪知识分子愤愤撂笔：“这哪是画画，这是‘大家来找茬’！”

史上留存的帝王画像不少，帝王的长相也风格各异。但此类画像多是四色全彩，因为年代久远，变得破损、褪色、模糊，又囿于纸张和印刷技术限制，想清晰还原的难度太大，印出来一团糊。这导致当年历史教科书印刷这类画像，必须选择单色白描范本。

于是明朝嘉靖四十四年（1565）进士、陕西布政参议王元翰登场了。

王元翰之所以跟课本插图有关系，是因为他分不清官场形势，初入仕就得罪人，随即被收拾得团团转。其政敌说“不转不是明朝人”，于是王元翰“除清江知县，调万安。擢御史，忤时相，出为福建按察佥事，谪邛州判官。两知进贤、曹县，迁开州知州”。

王元翰一直转到晚年才醒悟，“不转才是明白人”，文人正道是读书著述，于是“乞养归……以著书为事”。这一著，一部图谱类大百科全书横空出世，就是《三才图会》。“三才”指“天地之人道”，上自天文，下至地理，中及人物，宇宙万事全都囊括。

《三才图会》一书的内容确实浩瀚，天文、地理、人物、时令、宫室、器用、身体、衣服、人事、仪制、珍宝、文史、鸟兽、草木皆有涉及，所记事物，先有绘图，后有论说，图文并茂，相为印证。关于这套书的评论回复很多，不过“没图你说个××”这种留言是没有的，“留图不留种，元翰被人捅”这种不和谐的牢骚倒有些，但不多。

王元翰编纂《三才图会》，书中图谱多取之于他书，引证的图书多达300余种。不过所引证的资料，特别是古代先贤画像，有时正经，有时不正经，有些章节甚至《一个都不正经》。

纪晓岚在《四库全书总目提要》中先是肯定了这套百科全书，随后加了“但是”，话锋一转说王元翰的《三才图会》一书

“门目琐屑，排纂冗杂……其所系诸说，亦皆捃摭残剩，未晰源流……杂采齐东之语，漫无考证”，特别是人物画像部分，“务广贪多，冗杂特甚。其人物一门，绘画古来名人形像，某甲某乙，宛如目睹，殊非征信之道”。纪晓岚还举了例子：“如据仓颉四目之说，即画一面有四目之人，尤近儿戏也。”咦，还不如画个麻将四筒。纪晓岚这话倒是有商榷余地，仓颉造字看字，近视成四眼也是有可能的。但从嬴政到刘秀到李隆基到赵匡胤，所有帝王真的长得一样，就像一人分饰多角，区别只在于服装。看这套图谱，恍惚以为是欣赏奥运福娃，或者挑选QQ换装秀。

之所以如此，也许如《明史》所载，王元翰“乞养归，筑室淞江之滨，种梅万树”。除了写书，他还种草种花，在草花的启迪下，人物都是扑克牌草花J的模样。这当然是我扯淡。

王元翰只是图片编辑，选取帝王画像的主要参考资料，是成书于明弘治十一年（1498）的《历代古人像赞》，此书收录自伏羲至黄庭坚共88幅人物画像，充分证明了华夏儿女同根同族，也坐实了“历史是任人打扮+的小老爷们儿”这句名言。此书绘者不详，但可以肯定是电脑行家，所有画像都是先Ctrl+C，后Ctrl+V。最具代表性的是关公与秦琼的画像，根本就是同一个人，于是“关公战秦琼”成为可能，只是分不清演员，看上去就像双胞胎大打出手，或者周伯通左右手互搏。

中国民间画家绘制历史人物时想象力一向有限，又偷懒，于是《历代古人像赞》千人一面。王元翰本人不会画画，又偷懒，只能从《历代古人像赞》盗图，于是《三才图会》千人一面。历史教科书编辑因为印刷原因，恰恰选择的是《三才图会》中的历史人物图片，于是教科书千人一面。只是便宜了秦始皇嬴政，死后先投胎汉光武帝刘秀，再投胎唐玄宗李隆基，又投胎宋太祖赵匡胤……一统中华五千年。始皇帝梦寐以求的长生不老，变相成功啦！

“暗杀系挂科生”蔡元培

蔡元培加盟“暗杀界”是因为受了刺激。1903年，章太炎、邹容和蔡元培在《苏报》上发表时政评论，清政府心眼小，把前两个装进笼子收容了，侥幸逃脱的蔡元培很生气，决定采取暗杀的极端手段来进行反清革命。

1937年，蔡元培在《我在教育界的经验》一文中回忆说：“自三十六岁以后，我已决意参加革命工作。觉得革命止有两途：一是暴动，一是暗杀。”之所以选择暗杀，是因为暴动的准备和实施工作庞杂，暗杀则操作简单，立竿见影。另外，蔡元培和章太炎、邹容三人总“斗地主”，做“炸弹”轻车熟路。

当年的暗杀组织中，最出名的是东京留日学生组织军国民教育会旗下的“暗杀团”。蔡元培积极靠拢，很快成为暗杀团上海站负责人，承担组织接待工作，暗杀团成员从日本到上海均由他接站。

做地陪当然不能让蔡元培满足，于是他以暗杀团为基础，在上海成立了光复会，自任会长。新派革命人物蔡元培行事却很老派，加盟光复会有仪式，要写一纸黄帝神位的横幅，供在上方，杀鸡取血，滴于酒中，跪而宣誓，并饮鸡血酒。光复会的暗杀行动首战便告捷，虽然暗杀对象是只鸡。

第二个暗杀对象是猫。蔡元培认为暗杀工具最好易于隐蔽、方便携带，因此选择了使用毒药。蔡元培是清朝翰林，典型的文科生，他对于毒药的认识局限于砒霜、蝎子针、鹤顶红之类。此类药物毒性不大，药效甚至不如苏丹红、三鹿奶粉和雾霾。要制造“十步杀一人，千里不留行”的猛药，必须借鉴外国先进技术，于是蔡元培将钟宪畅、俞子夷这两位化学教师吸收入团。俞子夷说：“我配制氰酸，一试即成。”毒药配好后，蔡元培抓来一只猫，只灌了几滴，号称有九条命的猫就被毒死了。蔡元培很兴奋，将这款毒药命名为“Curious”，意喻“好奇害死猫”。

为加强药性，蔡元培又组织女子暗杀团，并认为“暗杀于女子更为相宜，于爱国女学，预备下暗杀的种子”。据说理由是“最毒不过妇人心”。

此后蔡元培更推出了2.0固体粉末毒药，为力臻完美，开始开发配套设施。他发现光复会的陶成章翻译过跟西方催眠术有关的东西，非常感兴趣，认为此术亦可用作暗杀工具。不料陶成章说：“想催眠，直接让人看你的著作即可，我看你写的书，就睡得呼呼的。”

自信满满的蔡元培后来才醒悟，毒药并不是革命所需要的。革命党暗杀清朝政要不是为了削减政府执行力，他们也清楚根本杀不完。暗杀的主要目的是造成社会动荡，转移政府注意力，配合预期的武装起义。惠州起义，孙中山派史坚如刺杀两广总督德寿；粤东起义，刘思复刺杀广东水师提督李准；安庆起义，徐锡麟刺杀安徽巡抚恩铭。暗杀与暴动两种手段相辅相成，齐头并进。所以，暗杀行动必须轰轰烈烈，不能“事了拂衣去，深藏身与名”。用口服型毒药进行暗杀过于安静，难以造成轰动，于是蔡元培回归“斗地主”，研究起了炸弹。

蔡元培依旧借鉴和学习外国先进技术，“乃集同志六人，学制造炸药法于某日人，立互相监察之例，甚严”。研发小组废寝忘食，日夜攻关，组员除了革命党成员，还有后来成为中国共产党总书记的陈独秀。陈在《蔡孑民先生逝世后感言》一文中说：“我初次和蔡先生共事，是在清朝光绪末年，那时杨笃生、何海樵、章行严等，在上海发起一个学习炸药以图暗杀的组织，行严写信招我，我由安徽一到上海便加入了这个组织，住上海月余，天天从杨笃生、钟宪鬯实验炸药。这时孑民先生（蔡元培）也常常来实验室练习、聚谈。”

经过无数次试验，蔡元培脑袋差点被崩掉，险些变成“祭元培”后，终于研制出了炸弹并推广给团友，“乃教授制炸药法，若干日而毕”。从此“嘭嘭”声不绝于耳，引得街上的小孩带着苞米粒子兴奋出门，却找不到崩爆米花的老头，骂声也不绝于耳。

至于他们研制的炸弹质量如何，资料上没有明确记载，但从1905年9月吴樾刺杀出洋五大臣一事，可以侧面做出评定：炸弹是不合格的。据当年报纸报道，五大臣乘坐的火车车厢和机车挂钩时，车身发生了震动，导致炸弹提前爆炸，五大臣中只有绍英、端方、戴鸿慈三人受轻伤，吴樾则当场死亡。

虽然这颗炸弹是杨笃生制造的，但杨笃生是光复会暗杀团的骨干成员，作为领导的蔡元培脸上也无光。自此，蔡元培告别“暗杀界”转投教育界。不过，蔡家炸弹百年之后倒是扬眉吐气了一次，其同宗蔡国强2008年成功引爆奥运大脚丫。当然，这是后话。

鲁迅为何弃医从文

鲁迅之所以学医，据我的中学语文老师说，除了恨中医耽误了他的父亲的病，以及“知道了日本维新是大半发端于西方医学的事实”这两点外，孙伏园在鲁迅逝世五周年纪念会的演讲中提到了第三点，便是鲁迅想医治自己的牙病。鲁迅从少年时代起牙齿便被蛀烂，家人不管不顾，最终烂出一个壮观的大洞，大到说话有回音：“我这颗蛀牙……这颗蛀牙……”我们语文老师还说，鲁迅的名句“墙外有两株树，一株是枣树，还有一株也是枣树”也是因此洞而来。

带着国愿、家难、自我治疗三重目的，1904年9月，鲁迅到了日本仙台医学专门学校。两年后，他忽然决定转型做文艺青年。至于为何弃医从文，鲁迅在《藤野先生》、《呐喊》自序等文中说了两个原因。

一是因为鲁迅在课堂上看幻灯片大受刺激。当时正值日俄战争，片中有中国人给俄国做侦探，被日本人拿获砍了头。日本学生山呼万岁，周先生备感屈辱：“凡是愚弱的国民，即使体格如何健全，如何茁壮，也只能做毫无意义的示众的材料和看客，病死多少是不必以为不幸的。”于是愤然退学。这是学界公认之鲁迅转型最大动因。

然而，据鲁迅的同班同学铃木逸太回忆说：“幻灯的解说由中川教授亲自进行，也许有中国人被日本军杀死的场面。在上映的幻灯中，好像有喊万岁的场面。学生大体却是静静地看着。后来才听说这件事成了周树人退学的理由，当时周树人却没有说过这件事。”若铃木此言为真，可以说鲁迅因此退学并不成立。笔者按个人经验及常理分析，也认为当时不会喊万岁，男生看日本片都是静音播放的。

除铃木回忆外，实物证据也不支持“看片退学”说。中日建交后，鲁迅研究协会与仙台取得联系，“当时放映的那组幻灯片已经找到，奇怪的是，却失落了鲁迅所描述的那一张”。既不留图也不留种，令研究者十分沮丧，更令人沮丧的是，周先生此后的人生轨迹也不支持这一说法。

1906年，鲁迅从仙台医专退学后，到东京和周作人一起翻译外文作品，结成《域外小说集》两册，这只能算曲线唤醒民众，并且效果不好。据鲁迅在写给增田涉的信中回忆，两册书在上海和东京寄售不佳，结果“大为失败，第一集（印一千册）卖了半年，总算卖掉二十册。印第二集时，数量减少，只印了五百本，但最后也只卖掉二十册，就此告终”。之后鲁迅回国做教师、公务员，直到十多年后，在钱玄同的催促下，小说《狂人日记》问世，鲁迅才算正式出道，开始以文学唤醒愚众。

幻灯片事件之前，还有一次漏题事件，这是鲁迅弃医从文的第二个原因。鲁迅在《藤野先生》一文中写到，日本同学写匿名信讽刺鲁迅，“大略是说上年解剖学试验的题目，是藤野先生在讲义上做了记号，我预先知道的，所以能有这样的成绩”，因此鲁迅感到自己受了难以忍受的莫大侮辱。有研究者认为这也是刺激鲁迅退学的原因之一，但属于推波助澜的次要因素。另一些学者则认为，恰恰是这次事件导致了鲁迅放弃学医，原因就是考试成绩。

鲁迅自述：“秋初再回学校，成绩早已发表了，同学一百余人之中，我在中间，不过是没有落第。”那么，鲁迅的考试成绩到底是多少？根据日本东北大学（1912年仙台医专并入该校）教务部保存的当时的成绩表，鲁迅的考试成绩是解剖学59.3分，组织学72.7分，生理学63.3分，伦理学83分，德文60分，物理学60分，化学60分，在全年级142名学生中居第68位。

这很说明问题：除了伦理学，鲁迅连入门的医学基础课分数都徘徊在及格线上下，特别是解剖学成绩，直接打了最关心他的藤野先生的脸。“你看，你将这科成绩移了一点位置了。自然，这样一移，的确比较的好看些。”藤野先生把解剖学成绩的小数点向后移了一下，对鲁迅说，“然而成绩单不是美术，事实是那么样的，我们没法改换它。”于是鲁迅的解剖学考试仿佛骚扰电话，被挂了。鲁迅在一所二流医专里成绩如此，往后的就业难度可想而知。大约同学们开始上岗挂号，他还在上学挂科，于是不得不知难而退。

当然，糟糕的考试成绩也说明鲁迅应该没有作弊。假设藤野先生真的漏题给他，这个成绩更能说明，周先生在医学上的资质是无可救药的。这也不算恶意揣测，周家确有作弊传统，光绪十九年（1893）轰动江浙的科场作弊案，主角就是鲁迅的爷爷周福清。

鲁迅自己也并非冰清玉洁，光绪二十四年（1898）浙江府试，因其已到南京上学，但考过县考，为保留名字，竟然托“枪手”代考。“这也解释了鲁迅的文章为什么像匕首，枪在别处嘛。”我们语文老师说。

“毕竟作为一个外国留学生，能有如此成绩也是相当不易了，这个成绩排名也可以换个角度——在所有外国学生中是第一名！当然，仙台医专只有他一个外国学生。”我们语文老师又说。

鲁大夫的医术

当年课堂上，我们语文老师讲完《藤野先生》，说鲁迅如果没有弃医从文真做了医生，那么这绍兴人必须将籍贯改为长沙，变成长沙人。“常常杀人，就是他的行医风格！”老师撇嘴说。

我们老师有点危言耸听，但他对鲁迅医疗事业的预测和评估却也不算信口开河。鲁大夫的医术水平的确很差，他自己也是清楚的，他曾对曹聚仁说：“我学理论两年后，持听诊器试听人们之胸，健者病者，其声如一，大不如书上所记之了然。”鲁大夫学医数年，发现自己根本不是做医生的料，听诊器都用不明白，有病没病心跳听起来都一样，“我听过两颗心脏，一颗是‘怦怦’跳，还有一颗也是‘怦怦’跳”，所以他表示“今幸放弃，免于杀人”。

作为仙台医学专门学校速成班肄业生，鲁迅并没有彻底告别医学领域，他在1909年回国后执教于浙江两级师范学堂，教授的课程便是化学和生理学。

夏丏尊回忆道："据他（鲁迅）说，他曾经解剖过不少的尸体，有老年的，壮年的，男的，女的。依他的经验，最初也曾感到不安，后来就不觉得什么了。"淡定的鲁大夫拎刀就在尸体上划，兴起时大概还要在上面刻个"早"字，"你知道吗？日文的'早'字有四种写法：早い、はやい、早く、ハヤイ……"

根据夏丏尊的回忆，曾手刃过日本死人的鲁迅，是一个开放又有趣的人："周先生教生理卫生，曾有一次答应了学生的要求，加讲生殖系统。这事在今日学校里似乎也成问题，何况在三十年以前的前清时代。全校师生们都为之惊讶，他却坦然地去教了。他只对学生提出一个条件，就是在他讲的时候不许笑。"别班的学生没有听到讲课，纷纷讨讲义看，阅后却大为败兴，周老师在讲义上打了马赛克。"原来他的讲义写得很简，而且还故意用着许多古语，用'也'字表示女阴，用'了'字表示男阴。"大失所望的学生评语极具创意，笑骂："周老师的讲义空空如'也'，周老师'了'不起！"

除了医学教育，周老师在医学翻译领域也曾一试身手。1930年，他数次"往齿科医院作翻译"，同年又译《药用植物》一书。他的医学翻译水平应该不错，曾做过商业性质的翻译，1931年2月15日，"为王君译眼药广告一则"。遗憾的是，笔者没查到这则眼药广告，只查到一篇《阿炳是如何失明的》。

作为医学界外围，鲁迅基本的医学常识还是有的，只是临床不够对症下药，实际操作起来错误百出。1916年7月12日，鲁迅

“腹写（泻）甚……夜服撒酸铋重曹达”，“撒酸铋重曹达”是治疗风湿性疾病的药剂；1923年9月24日，鲁迅生病，自我诊断“咳嗽，似中寒”，实则肺病复发；1924年7月13日，鲁迅“腹写（泻），服Help两次十四粒”，这次用药确实与肠胃休戚相关不算跑题，只不过Help是助消化药。

鲁迅的养生亦如此。翻查《鲁迅日记》，发现他调理养生的做派特别像我小姨。我小姨的休闲活动就是喝板蓝根，小勺搅拌得风生水起，口中念念有词：“我只是把别人喝咖啡的时间用在喝板蓝根上了，嘻，汤色儿一样嘛。”在排斥中医的鲁迅眼里，解热止痛的西药阿司匹林是LV、是狗不理，是“包”治百病的，其日记中常见“身热疲倦，似患流行感冒，服阿思匹林四片”“午买阿思匹林片二合，服二片以治要（腰）胁痛”等记录。如上所言因病服药也罢，可有时鲁迅吃药吃得莫名其妙：1928年5月9日“收大学院上月薪水三百。晚伏（服）阿思匹林一片”；10日“小雨。服阿思匹林共三片”。此后日记中胡乱吃药的记载不胜枚举，《鲁迅日记》编撰者注释其滥服药物的后果：“鲁迅到上海后，肺病复发，初服阿司匹林退烧。经福民医院诊治后始知病情严重，前后往诊五次。”

鲁迅对医药的态度确实是糊涂又不负责任的。1912年8月12日，鲁迅“数日前患咳，疑是气管病，上午就池田医院诊之，云无妨，惟神经衰弱所当理耳”。17日“上午往池田医院就诊，云已校可，且戒勿饮酒”。然而19日“晚铭伯治酒招饮”，于是23日鲁迅“夜胃痛”，但28日又“大饮于季市之室”。男人，就是要对自己狠一点。更狠一点的记载在1919年7月17日的日记中，这次是为人带药。鲁迅“为方叔买膏药二枚，寄三弟转交”。同年12月17日，鲁迅回绍兴，日记记载“上午陈子英来，晚张伯焘来，夜方叔出殡”。男人，要对自己狠一点，对亲戚更狠一点。

方叔的死与鲁迅快递的膏药并不构成因果关系，并且鲁大夫对自己的医术是有自知之明的，日记中都是“自戕不息”，没有主动出击的行医记录。不过，作为浸淫杏林长达400多天的肄业生，鲁迅有时难免技痒，解痒手法风险最小化，拎死人过瘾。他在《理水》一文中意气风发地给大禹看病，他说大禹在潮湿的环境里治水，由此患了风湿性关节炎，阴差阳错促生了巫术中一瘸一拐的“禹步”。他又在《由中国女人的脚，推定中国人之非中庸，又由此推定孔夫子有胃病》一文中一本正经给孔子看了次病，煞有介事下了个诊断说，孔子因为坐马车周游列国，泥路甚多凹凸，一颠一顿，一掀一坠，胃就被坠得大起来，时时作痛，所以孔子得的该是“胃扩张”，君不见“孔子行教像”中圣人的双手都捂到胸口了吗？可见胃扩张到了何种程度！下完诊断书的鲁大夫建议，有胃病的孔子“每餐非吃‘生姜’不可了”。不过他开出的生姜药方倒也挑不出毛病，“生姜治百病，大白菜药效你想不到”，朋友圈里的中国人都这么认为。

根据周海婴的回忆录，他的父亲也给活人看过一次病，患者就是萧红。萧女士与家人关系紧张，经常离家出走，久而久之，萧红的“姨妈”也学会了离家出走，经常数月不归，回来便闹。通俗地说，萧女士有严重的月经紊乱和痛经。鲁大夫得知后，开出药方“白凤丸”，萧红吃过几次，萧便见了红，竟然痊愈了。然而，许广平在《追忆萧红》一文中说，是自己先用此药，觉得有效，才告知萧红的，跟鲁迅没任何关系，只不过鲁迅见此药确实有效，推荐给更多患者罢了。“你真傻，真的，”他开首说，“是的，我是单知道你痛经，才到你这里来的。”像祥林嫂，更像传销，逢人便宣传推广。

从周晔的《我的伯父鲁迅先生》一文推断，鲁迅的医学水平，大概只能做到护士：“他们把那个拉车的扶上车子，一个蹲着，一个半跪着，爸爸拿出镊子给那个拉车的夹出脚里的碎玻璃片，伯父拿硼酸水给他洗干净。他们又给他敷上药，扎好绷带。”可知从脚中取玻璃这个技术性动作由周建人完成，鲁迅只做了包扎。这个工作他能够胜任，在日本时常看人裹寿司。

“无论如何，鲁大夫从认为可以用高明的医术救扶‘小我’，到凭借文学的力量拯救‘大我’，弃医从文完成了行动上的蜕变，华丽转身专心文学创作，终于在1921年写出了白话文小说开山巨著《阿Q正传》。”这是我们语文老师说的。

最后，我们语文老师又附送了一个鲁迅创作逸事。曾有人问鲁迅：“阿Q是中国人，为什么要取外国名字？”鲁迅答复：“阿Q是光头，脑后留着一条小辫子，这Q字不就是他的形象吗？”而我们语文老师的看法却是，鲁大夫进行创作时感冒了，喷嚏不断，所以“啊Q，啊Q”。

喝咖啡的鲁迅

是这样的，我老婆在南宁开了一间名叫“我在”的咖啡图书馆。她认为这个名字很有创意，她的朋友也这么认为，只是快递员不这么认为：“我知道你在咖啡馆，店名叫什么？”我老婆对这种不解风情的笨蛋先是不屑，后不堪其扰，说：“要不，咱们改名叫‘我只是把别人喝咖啡的时间都用在工作上’咖啡馆？”

我老婆是很有文化的，鲁迅名言全知道，只是思维混乱。她若是慈禧，大概是会任命李莲英做“前列县”县长的。

然而，与咖啡不共戴天的鲁迅私下是喝咖啡的。其妻许广平忆述，鲁迅常常说：“我是把别人喝咖啡的工夫都用在工作上的。”而郁达夫在《回忆鲁迅》一文中写道：“在吃完饭后，茶房端上咖啡来时，鲁迅却很热情地向正在搅咖啡杯的许女士看了一眼，又用诚告亲属似地热情的口气，对许女士说：‘密丝许，你胃不行，咖啡还是不吃的好，吃些生果罢！’”可知周先生在别人喝咖啡的时候也是不工作的，不但不工作，还把老婆的咖啡当续杯喝了。

除此之外，《鲁迅日记》亦有多次喝咖啡的记载，不过有时打了马赛克，将“咖啡”写作“加非”“加菲”或“加啡”。按《鲁迅日记》记载，鲁迅第一次喝咖啡是1913年5月28日，“下午同许季上往观音寺街晋和祥饮加非”。1914年1月10日“午与齐寿山、徐吉轩、戴芦苓往益昌食面包、加非”，12月7日“午后同齐寿山出饮加非”，第二天午后继续“饮加非”。1920年6月26日“午后往同仁医院视沛，二弟亦至，因同至店饮冰加非”。1930年2月16日“午后同柔石、雪峰出街饮加菲”，4月16日“（韩）侍桁来，同往市啜咖啡”，6月5日“午后同柔石往公啡喝加啡”。

由《鲁迅日记》可知，鲁迅不但喝咖啡，而且还喝得盛气凌人，时间几乎都在下午，“别人工作的时间我都用在喝咖啡上”。赤裸裸地炫耀。

民国进口咖啡豆以荷属东印度输入为多，据此推测，鲁迅所炫耀的咖啡应以“拿铁”居多。“荷属东印度”是指1800年至1949年荷兰人所统辖的印度尼西亚，此地所产咖啡豆以罗姆斯达豆为主，这种咖啡豆酸性极少，苦味强烈，最适合做加牛奶的“拿铁”。而加牛奶又最适合鲁迅，世人皆知，周先生的身体是能够挤出牛奶的，当然，前提是咖啡馆要有草坪。

咖啡在当时是新潮的舶来品，咖啡馆自然是高档场所，一般都开在寸土寸金的繁华地段，大概没有草坪。鲁迅曾在《革命咖啡店》一文中写过：“洋楼高耸，前临阔街，门口是晶光闪烁的玻璃招牌。”不过他又在文中表示：“这样的咖啡店里，我没有上去过。”他经常光顾的是一家白俄商人开设的，名叫“公啡”的咖啡店。“公啡”应为俄语кофе（即咖啡）的音译，“公啡咖啡店”亦即“咖啡咖啡店”。

鲁迅之所以去这家咖啡店，原因大概有三：一是被店名所打动，“咖啡咖啡店”这个店名有“一株是枣树，还有一株也是枣树”的名句气质；二是离家近便；三是革命需要，左联的会议几乎都在这里召开。

夏衍在《懒寻旧梦录》一书中回忆，左联开会时“地点几乎固定在‘公啡咖啡店’二楼一间可容十二三人的小房间”。选择在此开会，首先是由于隐蔽，这间位于上海四川北路的咖啡店低调内敛，是一幢坐西朝东三层砖木结构的沿街楼房，楼下卖糖果、点心，二楼卖咖啡，座位则是最普通的四座火车厢式。杨纤如回忆说：“这是一个外国人开的咖啡店，是以巡捕房包打听就不太注意，比较安全。”其次是在此能够保持清醒的革命头脑，众所周知，开会是最好的安眠药，咖啡提神，两相抵消。只不过鲁迅在这里开会时很少喝咖啡，以喝绿茶居多。绿茶也不错，运气好“再来一瓶”，于是，“我有两瓶茶，一瓶是绿茶，还有一瓶是开过盖的绿茶”。

鲁迅还在咖啡店接待过柔石、夏衍、周扬夫妇、萧军和萧红等人。吸引鲁迅和他的朋友在此休闲议事，价格和文化氛围是一个因素。白俄人开设在四川北路的一些小型咖啡馆价格便宜，收费较低廉，能够吸引一些外国难民和中国学生、作家的光临。据1932年出版的《上海风土杂记》一书记载：“咖啡馆如康生及沙利文（均在南京路河南路口，系西人所办）设座精雅，调味绝佳，大抵咖啡每客六七角。”位于四川路的“公啡咖啡店”则属于低端消费场所，大概只要高端同业四分之一价格即可。

对鲁迅来说，咖啡的价格根本不是问题。根据《鲁迅日记》的记载，鲁迅从1912年到教育部任职至1936年去世，24年中总共收入12万多银元，换算下来，是可以买68万杯咖啡的。多乎哉？好多也。如果算上续杯，那么，“我有68万杯咖啡，还有……”所以，吸引鲁迅到这些咖啡店的原因是“中国学生、作家的光临”。

民国文坛上的周老师是声名烜赫的，当年周老师在“公啡咖啡店”出现，粉丝的呼喊响彻云霄，周老师站在二楼挥手：“让我听到你们的《呐喊》声，《药》《药》切克闹……”这，就是20世纪20年代在咖啡店的鲁迅。

虽然不是与咖啡势不两立，但鲁迅确实很少喝咖啡。鲁迅并不是讨厌咖啡的味道，《鲁迅日记》就记载他1913年10月25日“买加非薄荷糖”。在鲁迅的心里，咖啡店代表着有产阶级的浮纨，呈现了殖民现代性最差劲的一面。咖啡店所推崇的生活方式与他的思想革命是互相矛盾的。

《鲁迅日记》记载鲁迅最后一次喝咖啡是在1930年6月5日，

“午后同柔石往公啡喝加啡”。和鲁迅一起喝咖啡的柔石于第二年2月7日就义。柔石的死与鲁迅告别咖啡是否有某种联系？目前没有发现支撑这一论点的材料。

但鲁迅从此不再踏足咖啡馆，据笔者推测，或许和当年《新民晚报》的一则消息有某种微妙的联系。这则消息称，四川路拐角犹太人与中国人组成美钞黄牛党，依旧在咖啡馆里去交易，警察已经逮获若干。估计这是鲁迅不再去咖啡馆的原因，黄牛和孺子牛，警察是分不清的。

人五人六

半路杀出个程咬金

无论在评书中还是在正史中，程咬金都是个狠人。较之评书中的程咬金，真实的程咬金还要更狠，这也许是由他最初的职业决定的。《旧唐书》说隋末天下大乱，程咬金“少骁勇……聚徒数百，共保乡里”，后因其凶狠，被起义军首领李密收为麾下。

李密“于军中简勇士尤异者八千人，隶四骠骑，分为左右以自卫，号为内军。自云：此八千人可当百万”。李密对程咬金颇为重用，将这八千勇士中的一支划分给他管理，程咬金于是被人呼为“程管”。程咬金也确实不负此号，经过他的训练，这支军队以一当一百二十五，驰骋沙场，所向披靡。

与评书所说略有不同，程咬金的执法工具不是“八卦宣花斧”。斧子的威慑力很大，一斧在手，连亲爹都不敢造次，比如砍樱桃树的华盛顿将军。但将领在战场上搏杀时，斧子并不好用。程咬金真正惯用的兵器是“槊”，《旧唐书》《新唐书》均载他善用马槊。“马槊”是由“矛”发展而来的，“矛”分步兵用的“酋矛”和战车上用的“彝矛”，前者长二丈，后者长二丈四尺。“槊”的长度接近“酋矛”，《说文》解：“槊，矛也。”《正字通》亦解：“矛长丈八谓之槊。”按汉尺换算，“槊”的长度大概有三米多，接近四米，是冷兵器时代骑兵重要的刺击武器，程咬金拎着它东刺西捅，南扎北插，一槊一个窟窿，-0-0-0-0-0-0→。

带有浓郁糖葫芦气质的程咬金战斗力很强，《旧唐书》说他一生的主要功绩是“破宋金刚，擒窦建德，降王世充，并领左一马军总管。每阵先登，以功封宿国公”。上述宋、窦、王都是狠人，程咬金是比这些人还要再狠一点的“狼人”，其狼性在惊心动魄的北邙山之战表现得淋漓尽致。

隋末两大军阀李密和王世充彼此不忿，最后终于决战北邙山。决战之日，评书中“天下第三条好汉裴元庆”的原型裴行俨奔赴偃师支援单雄信，不料刚入阵便被流矢射中，落马坠地。裴元庆的兵器是双锤，敌兵很高兴，没有罗永浩也能有“锤子2”，扑上去就要抢。

就在此时，半路杀出个程咬金。程咬金单枪匹马连杀数人，抱起裴行俨就走，敌兵紧追不舍。巧合的是，追兵的武器也是马槊，接下来的一幕，《旧唐书》的记载血腥恐怖，令人怛然失色：“（程咬金）抱行俨重骑而还。为世充骑所逐，刺槊洞过。”刺穿的画面应该是这样：——程咬金→。更恐怖的是，被刺到透心凉的程咬金的举措令人瞠目，竟然回身将穿刺而过的槊生生折断了！程咬金如此还不罢休，再将持槊的追兵杀死，抱着裴行俨离开战场。

这段记载匪夷所思。《旧唐书》只记载穿洞之事，未提程咬金被刺穿的具体位置。程咬金有可能是被刺破了衣服，如果真是穿身而过，个人分析刺穿的部位应该是在肩胛左右。若刺穿心脏，程咬金当场就废了。刺穿肺、肠、肝、胃也不太现实，刺穿下体更不可能，那就变性了。

《旧唐书》渲染得过于夸张，而《新唐书》的记载则更加可信，说“追兵以槊撞之”，但接下来折槊杀追兵的情节，《旧唐书》《新唐书》的记载是一致的，特别是折断槊杆，非常人能够做到。槊杆是极坚硬的，要取上等韧木的主干，剥成粗细均匀的篾，胶合而成。具体做法是：将细篾用油反复浸泡，一年后将篾条取出，阴凉处风干数月后，用胶漆胶合为一把粗、丈八长，外层再缠绕麻绳，干透，涂以生漆，裹以葛布，再涂再裹，三年始成。槊杆弹力十足，又韧又硬，是可以代言“万艾可”的。程咬金能够将槊杆一折而断，确实是狠人。

真实的程咬金凶狠残暴，与评书中描述的憨厚质朴可爱没有一点关系。《旧唐书》载：“显庆二年（657），授葱山道行军大总管以讨贺鲁。师次怛笃城，有胡人数千家开门出降，知节（程咬金）屠城而去。”一城的胡人都开门迎王师了，程咬金“咔嚓咔嚓”全给杀了。整得一个胡人都找不到，科比无奈退役了。

与评书描述不同之处还有，真实的程咬金并不憨傻糊涂，反倒对人事和形势有着精准敏锐的判断。“刺槊洞过”事件之后，李密兵败，程咬金被王世充招降，“世充得之，接遇甚厚”。王世充对程咬金不错，但程咬金就是不愿给王世充打工，总想投李世民，“世民那么大，我想去看看”。《旧唐书》记载了程咬金离开王世充时的辞职信：“荷公接待，极欲报恩。公性猜贰，傍多扇惑，非仆托身之所，今谨奉辞。”

这一次辞职，从侧面又一次证明了程咬金的狠。王世充对绝尘而去的程咬金的反应竟然是“惧,不敢追之”，只能喃喃道：“王世充若是王思聪便好了，你得掉头追我。”

松赞干布求婚记

在搞对象这事上，本人最推崇松赞干布。遥想20多年前，我追求同桌被拒后，心灵被同桌打击，身体被同桌的哥哥打击。在那段身心受损不堪回首的灰色岁月里，我信心重建的励志偶像就是“吐蕃小霸王”松赞干布，其名言“不跟我搞对象就揍你全家”令人心潮澎湃，鼓舞又振奋。

如我一样，搞对象的小霸王最初是“五讲四美”的，早在贞观八年（634），松赞干布礼貌又恭敬地派遣使者到唐朝求婚，亦如我一样，被李世民断然拒绝了。稍有不同的是，我同桌家里只有她一个女儿，而李世民有21个女儿，其中新城、城阳、晋安、遂安、南平等公主各嫁了两次，按现今的行政区划来分配，每省分一个公主也是差不多足够的，但就是不给吐蕃。李世民没说拒绝松赞干布的缘由，大约是松赞干布的名字不够档次，公主应该嫁给王子，干部就不要妄想了。松赞干布于是大怒，放言“公主不至，我且深入”，真的带兵打到了李家门口。只不过这场心绪大快的战事很快就结束了，吐蕃军队中了唐军埋伏，“（牛）进达自松州夜鏖其营，斩首千级”，求爱未遂的松赞干布只得偃旗息鼓，黯然收兵，如我一样。

松赞干布的过人之处在于其韧性，即便被打得鼻青脸肿还是坚守理想，竟再次求婚，“以使者来谢罪，固请昏”。令人不解的是，大获全胜的李世民面对这个浑不吝的无理要求，态度突然逆转，竟然答应了。批准和亲的缘由还是没说，大约是结过婚的李世民忽然开悟了，西谚云“婚姻是一场至死的战争”，我国则有成语曰“嫁祸于人”，可见不论中西，男人的婚后生活必是水深火热鸡犬不宁无一例外的，于是李世民欣然应允。不过，他留了一手。

和亲工作组的效率很高。贞观十四年（640）冬闰十月丙辰，“上许以文成公主妻之”，贞观十五年（641）春正月丁丑，“命礼部尚书江夏王道宗持节送文成公主于吐蕃”，整个过程用了不到三个月时间。在古代，从相亲到结婚的周期很短，但这次皇家嫁女确实有些仓促。之所以如此，大约是因为李世民留下的这一手——文成公主是假货。

在唐朝，皇帝的女儿叫“公主”，皇帝的姐妹叫“长公主”，皇帝的姑姑叫“大长公主”，皇太子之女叫“郡主”，其余亲王之女叫“县主”。而各种史料提及文成公主时，都把她写作“宗室女”。此类称谓的女子是李家姑娘，但绝对不是公主。而文成公主的身份更是可疑，史书中不但没有交代其父身份，连她自己的名字，汉、藏两方史料都没有记载。倒是电视编剧有趣，可能觉得她对汉藏文化的交流做出了贡献，便以“鸿雁传书”的大雁作比拟，给她造了个名字叫“李雪雁”。由这个名字忽然联想到另一名和亲新娘“落雁”王昭君，好在两人走的不是同一条线路，不然空难了。

怕“3•15”打假的文成公主于641年3月2日就这样匆匆出嫁了，对于新郎来说，即便迎娶的公主是假的，也无所谓了。松赞干布生于617年，属牛，理论上他应该娶铁扇公主，而不是文成公主。但挨过打的他此时放低条件顾不了太多，只要姑娘姓李，身份是官方认可的公主即可。坐在马车上的文成公主一直喊“嫁、嫁、嫁”，很快到达了吐蕃。

松赞干布娶这个妻子并没花什么钱，《旧唐书》说松赞干布“献金五千两，自余宝玩数百事”作为聘礼，对于吐蕃赞普来说，这份彩礼确实寒酸。《旧唐书》中没说文成公主的具体嫁妆，但从《旧唐书》记载的唐德宗时期县主的嫁妆可见一斑：“敕所司大小之物，必周其用。至于栉、缅、笄、总，皆经于心，各给钱三百万，使中官主之，以买田业，不得侈用。其衣服之饰，使内司计造，不在此数。”这只是县主级别的嫁妆，和亲公主因自身的政治属性，嫁妆应该更丰厚。

西藏方面史料则说“上赐公主嫁奁极丰，不可计量”。据《吐蕃王朝世系明鉴》记载，文成公主入藏时，唐皇以释迦牟尼佛像、珍宝、金玉文书、经典360卷作为嫁妆，还赠给各种宝器、食物以及卜筮典籍300种，识别善恶之明鉴、营造与工技著作60种，治病医方100种，医疗器具6种，医学论著4种，还赠送了大批绸帛、衣物。文成公主以车载释迦牟尼像，以大队骡马驮运唐皇的上述赠品，还带了大批工匠，携带多种谷物种子、牲畜入吐蕃，因此促进了吐蕃经济、文化的发展。

很遗憾，这只是传说，《敦煌吐蕃历史文书》以及吐蕃早期史料里都没有相关记载。据《旧唐书》记载，到唐高宗即位，吐蕃才向中土“请蚕种及造酒、碾硙、纸墨之匠”。所以严格来说，上面说的这些东西并不是文成公主带去的。

“亲，西藏地区不包邮噢！”这是有历史渊源的。

不可否认的是，作为和亲新娘和文化使者，文成公主入藏确实对当地上层社会产生了一些影响，吐蕃人的生活状态由“寝处污秽，绝不栉沐。接手饮酒，以毡为盘，捻麨为碗”渐渐转变为“慕中国衣服、仪卫之美”，“袭纨绡，为华风。遣诸豪子弟入国学，习《诗》《书》，又请儒者典书疏”，整体生活质量和品位得到了提高。

但与此同时，底层吐蕃人民的生活习俗也被横加干涉。吐蕃紫外线强，出于防晒需要，吐蕃人“以赭涂面”，也就是涂红脸蛋，文成公主恶之，赞普下令禁之。然后，没涂防晒霜的吐蕃人脸都晒破爆皮，疤痕如地图，黑一块紫一块，这是昌都，那是日喀则……

恩格斯曾说：“政治婚姻是一种借新的联姻来扩大自己势力

的机会，起决定作用的是家世的利益，而绝不是个人的意愿。”政治婚姻一般是女性悲剧的开始。文成公主进藏后的传说很多，有说松赞干布与文成公主相敬如宾的，有说文成公主饱尝家暴、夫妇二人彼此抵牾的，不好判断。个人认为，这两个人的情感生活是淡漠的，有一事可证：两人婚后九年无子。

文成公主作为和亲的“工具”远赴边陲，肩负的是和睦邦交的政治任务。至于一个女人的喜怒哀乐、苦难牺牲、孤寂忧虑，又有谁顾及些许呢？

瘾君子韩愈的“火灵库”

韩愈“吸毒”这件事，爆料人是白居易，他在《思旧》一诗中幸灾乐祸地说：“退之服硫黄，一病讫不痊。”诗中的“退之”便是韩愈。说韩愈“吸毒”并不是诬陷，硫黄在古代确实算毒品，最著名的毒品“五石散”的主要成分之一，就是硫黄。作为爆料人的白居易住在河南洛阳，但其举报精神，很北京朝阳。

不过有人考证说这是一场误会，白居易举报的“退之”，是唐朝一个叫“卫退之”的小幕僚。然而，陈寅恪又考证说，白居易说的“退之”就是指韩愈。陈寅恪在《元白诗笺证稿•附论•白乐天之思想行为与佛道关系》中认为：“乐天之旧友至交，而见于此诗之诸人，如元稹、杜元颖、崔群，皆当时宰相藩镇大臣，且为文学词科之高选，所谓第一流人物也，若卫中立则既非由进士出身，位止边帅幕僚之末职，复非当日文坛之健者，断无与微之诸人并述之理，然则此诗中之退之，固舍昌黎莫属矣。”

陈寅恪的证据是，《孔氏杂说》《韵语阳秋》《后山诗话》等书都明确记载了韩愈“吸毒”的事实。五代的陶縠在《清异录》一书中举报韩愈的材料更是翔实，连“吸毒”工具都查得一清二楚。有别于一般的瘾君子，韩愈“吸毒”的工具和手法很古怪，他用鸡来“吸毒”。过程很复杂，涉及生物工程和食品添加剂：先选一群公鸡，与母鸡隔离“不使交”，再给这些憋着鸡精的公鸡喂拌了硫黄末的粥。把这种名字叫“火灵库”的鸡养到1000天后，杀掉吃肉，剩下的鸡汤，发朋友圈。

有一种解释说，韩愈吸毒是因为身体需要。《本草纲目》言：“硫黄秉纯阳之精，赋大热之性。”硫黄性热，而韩愈恰恰特别怕冷，他在《苦寒》一诗中说自己“侵炉不觉暖，炽炭屡已添。探汤无所益，何况纩与缣”。按此说法，他不该叫“韩愈”，该叫“韩寒”。

韩愈“吸毒”的目的当然不是为了取暖，其深层动因是为了和女人扯淡。这说法也是出自陶穀，《清异录》云：“昌黎公愈，晚年颇亲脂粉。故事，服食用硫黄末搅粥饭啖鸡男。”在古代，毒品的一个重要功效是壮阳，按照中医理论，硫黄确实有壮阳效力，孙思邈在《千金翼方》中肯定了硫黄有益精补中、除痿不足的作用。

韩愈本人对性很有兴致，他在《辞唱歌》中写道：“幸有伶者妇，腰身如柳枝。但令送君酒，如醉如憨痴。”不过遗憾的是，韩愈的身体一直很糟糕，“年未四十，而视茫茫，而发苍苍，而齿牙动摇……毛血日益衰，志气日益微”，若无兴奋剂助力，很难实现“天苍苍，野茫茫，风吹草低耍流氓”。

行笔至此，谈谈韩愈的女人。张籍在《祭退之》一诗中说韩愈很幸福，有两个固定的女朋友，不但貌美如花，还一身才艺："公既相邀留，坐语于阶楹。乃出二侍女，合弹琵琶筝。"王谠在《唐语林》一书中说出了这两个女青年的名字："韩退之有二妾，一曰绛桃，一曰柳枝，皆能歌舞。"绛桃、柳枝，一红一绿，加上韩愈的硫黄，这个组合很像交通灯。

然而这个组合并不太长久，很快变成了番茄炒蛋。不清楚什么原因，叫柳枝的女人"溜之"了，而且逃亡手法比较诗意，《唐语林》说她趁人不备翻墙遁走。令人意外的是，韩愈本人对此满不在乎，情绪稳定地写了首诗，诗曰："别来杨柳街头树，摆弄春风只欲飞。还有小园桃李在，留花不放待郎归。"此诗启迪了宋朝的叶绍翁，亦作句"一枝柳枝出墙来"，为尊者讳，改"柳枝"为"红杏"，此是后话。

如果认为韩愈吸毒只是为了和女人扯淡，未免低估了他的追求。有着深刻家国情怀的韩愈，吸毒的更深层原因是为了振兴家族。这条线索链是：吸毒，扯淡，最终多生孩子。韩家很奇怪，其家庭成员阳寿都不太长。韩愈在《祭十二郎文》中写道："吾上有三兄，皆不幸早世。承先人后者，在孙惟汝，在子惟吾。两世一身，形单影只。"形单影只的韩愈只能孤军奋战，战绩还不错，一共生了六个孩子，不过传宗接代的男孩只有两个。虽少，亦足以令他欣慰了。其侄孙，"八仙"之一的韩湘子更不争气，只吹箫，不生孩子。

开封有个包青天

安徽是一片神奇的土地，此地特产黑色食品，除安庆木耳、濉溪酱瓜外，还产“黑人”，著名纪录片“黑人”导演陈晓卿同志就是安徽灵璧人。从灵璧向南走两步，就是合肥，此地出产的“黑人”更加有名，就是包拯。

之所以将以上两人放在一起，是因为《宋史》里记录了这样一个故事：包拯在安徽天长县做县长时，该县某户的耕牛被人割了舌头，到县衙告状，包拯叫他回去杀了牛卖肉。在宋朝，私宰耕牛是大罪，不久果然有人来告，说某家私宰耕牛，包拯怒斥：“你这浑蛋！为什么割了人家牛的舌头，又来告他的状?”告状的坏蛋感到很震惊，也很服气……这个坏蛋就是陈晓卿，犯罪动机大约是想拍一部《牛舌尖上的中国》。陈晓卿和包大人此后还有交集，故事就不赘述了。对了，陈晓卿字“世美”。

民间传说中的包公无案不破，是东方福尔摩斯。然而遗憾的是，《宋史》中关于包拯断案的记载只有这一处。包公断案的故事出自明代小说《龙图公案》，根据此书记载，包公审理案子一百起，其推断之明，察识之细，判决之当，结案之快，反应之好，让人无不叹服。但孙楷第先生在《中国通俗小说提要》一书中考证说："此书（《龙图公案》）演包公事凡百条，除卷六割牛一条见《宋史》本传为实事外，其余皆非包公之事……统观全书，编次驳杂，行文拙劣，实无可取。"

《龙图公案》中包公办的案子经不起考证，办案时间和地点也不太准确。包拯确实在开封府任过职，嘉祐二年（1057）他代理开封知府，不过第二年就被调走，代理御史中丞去了。

包大人的行刑工具"三把铡刀"更是经不起推敲。宋代的行刑工具没有铡刀，从先秦到宋朝都没有铡刀行刑的记载，并且"铡"这个字也是很晚才出现的，大量出现关于铡刀的记载是在元朝。大概蒙古人觉得用切草料的铡刀比用斧子砍人更方便，于是推广了。包大人无铡刀，倒是字"世美"的陈晓卿有，无数生灵命丧他嘴里两排铡刀之下，祭奠出一部《舌尖上的中国》。

如此，协同包公办案的王朝、马汉、张龙、赵虎四人当然也是不存在的。真实的包公其实很孤单，《宋史》载，包拯"与人不苟合，不伪辞色悦人，平居无私书，故人、亲党皆绝之"，亲戚朋友他不理，朋友亲戚也不理他。包大人有时也感到寂寞，问别人："怎么不跟我说话？"答："看你头像总黑着，以为不在线。"

北宋时期社会较开放，达官贵人天天去洗头房，但一枝独秀的包大人偏偏不包小三。包大人没有朋友，家庭生活也比较冷清，“夫人与公终日相对，亡声伎珍怪之玩，素风泊然”。晚上没娱乐，包大人就用手指着额头给媳妇唱歌：“你看，你看，月亮的脸就是不改变……”

听过包大人唱歌的女人倒也不少，一共有三个，但她们不是一起欣赏。据1973年出土的包青天墓志铭记载，包拯先后有三妻，原配“张氏”，续妻“董氏”（一直误传为“李氏”），还有一个“滕孙氏”。古代妇女没地位，这三个人只有姓没有名，笔者大胆假设，这三人分别叫：张白鹭、董白鹭、孙白鹭。“一行白鹭上青天”嘛！

包拯忠君爱国，死后遗训：后世子孙当官，如若犯赃受贿，死后不得入祖坟。讽刺的是，包拯第五世孙包康倒是没犯赃受贿，而是直接跟方腊搭档造了宋朝的反。《水浒传》里放飞剑把武松胳膊削掉的包道乙的原型就是他。

包拯后人中也有好儿男，1964年10月，包玉刚参观天一阁藏书楼，工作人员将《包氏家谱》拿给他看，包玉刚顺着包氏绵延脉络查下去，意外发现自己是包公第二十九世孙。包玉刚何许人也？20世纪的船王。

墓志铭也说了包公的死因，曰：“（嘉祐）七年（1062）五月己未，方视事，疾作以归。上遣使赐良药，辛未，遂以不起闻。”《宋史》的记载则是：“顷之，迁礼部侍郎，辞不受，寻以疾卒，年六十四。”笔者一直认为包大人应该死于“打黑”行动，原来并不是。

黑到此处，就要说一下包公的脸为什么是黑色的——都是戏曲惹的祸。京剧脸谱用色讲究“红忠白奸，蓝威猛，绿多怪，金粉表神仙”。在中国传统概念里，铁是黑色的，包公的黑，是因为“铁面无私”。实际上，包公也是忠贞的代表，用红色亦不为过，可能是戏曲创作者考虑到包公的人身安全才选择了黑色。红包，容易被抢。

王县长兴学记

鄞县（今宁波鄞州区）是个很有趣的地方，这里的传统是晴天耕田，雨天打孩子。1047年来了个县长说："孩子是祖国的花朵，是幼苗，不要打，把打孩子的时间投入到念书中去吧！"高音喇叭喊，余音缭绕。

鄞县人就真的开始读书了，晴天种地，雨天读书，读腻了，手痒，又打孩子。县长不高兴了，说："孩子是祖国的花朵，是幼苗，不能打，立法！"于是中国第一部未成年人保护法出现了，就叫"青苗法"。当然，这是我扯淡。

这个县长就是王安石。

王县长在鄞县做了两件大事：一是筹备20多年后的变法，二是诱导鄞县人读书。王县长不是刘谦，又没有超级大托董卿，所以变法变得破绽百出，台上台下骂声一片，但他在鄞县的办学，却是很成功的。

中国历史上最重视教育的朝代是北宋，发生过三次兴学运动，而这三次兴学运动都与王安石有关。第一次兴学运动“庆历兴学”时，王安石正在鄞县，他以鄞县为试验点办学，所得经验直接用在第二次兴学运动，也就是他主导的“熙宁兴学”。“熙宁兴学”的影响深远，直接派生了第三次兴学运动“崇宁兴学”。由此可以看出，这三次兴学运动不是孤立的，而是连续的、多米诺骨牌式的，其发轫点，就在鄞县。

鄞县办学影响了整个宋朝的教育。崇宁三年（1104），全国学生达到了21万。三次兴学运动使北宋人民大批脱盲，放眼望去，苍茫大地“公知”一片。可以毫不夸张地说，这次办学甚至影响了宋王朝的存亡。王县长的“扫盲运动”进行得彻底，影响深远，有宋一朝的目标是做到全国无盲，这使得“江南七怪”中的瞎子柯镇恶被迫远走大漠，其后收徒郭靖，其后结识铁木真，其后蒙古铁骑入侵宋朝，天下大乱。

《宋史》载王安石“眼多白，甚似王敦”，他眼神不好有白内障，所以还看不了那么远。现在，他盯住了鄞县城东的孔庙，打算改装成学校。这不算王安石的创举，宋朝的学校都是以孔庙为主体建筑，学庙一体，兼具祭祀和教学双重职能。早期孔庙祭祀活动所占比重很大，香火缭绕把孔圣人熏得活像包龙图，把两边陪坐的孟轲、曾参熏得黑白相间，感觉孔子正在跟一头熊猫和一匹斑马聊天，倒是应了他“有教无类”的思想。在王县长的办学思想中，学习是最重要的，给不给圣人烧香无所谓，于是把孔庙翻新，装修成了教室。没什么人再去给圣人烧香，孔、孟、曾三人无聊得要命，以致学生在教室朗诵“三人行，必有我师”时，他们师徒三人在隔壁“三人行，必斗地主”。

孔庙贤儒塑像的座次一般是孔子坐中间，两边分坐孟轲、曾参。鄞县孔庙稍有不同，将兴办教育的王县长排进了座次，放在了孟子前面。《程史》说：“王荆公封舒王,配享宣圣庙,位居孟子上。”之所以如此排列，除了感恩王县长使鄞县人民脱盲外，另有传说：某次庙里的老孔显灵，突然开口叫两个弟子：“孟轲、曾参！”叫得有点急，连音了，结果Michael Jackson“嗷”一声从美国跑过来，把县城人民吓蒙了，于是重组座次。

当然这些只是传说，无法实地考据，因为学校早搬走了。宋《宝庆四明志》说：“唐元和九年（814），学建于县之东，皇朝崇宁二年（1103），移县西南。”

鄞县的地理位置很特殊，是宋朝最早迎接太阳升起的地方之一。鄞县县学矗立在县城的东边，当然是宋朝最早迎接曙光的学校之一。文化的曙光由鄞县开始，继而照亮整个宋朝，告别黑暗，启蒙文化，冥冥天意。鄞县，王县长，任重道远。

上面这段话酸了吧唧，有点像某位大师。王县长是江西人不是山西人，最讨厌酸儒，他的办学思想在《慈溪县学记》《乞改科条制》等文中说得很清楚。这位实用主义者认为“天下不可一日而无政教，故学不可一日而亡于天下”，“古之取士，皆本于学校，故道德一于上，而习俗成于下”，就是说别学那些没用的，别扯那些没用的。宋初科举考试选题出自“九经”：《易》《书》《诗》《左传》《礼记》《周礼》《孝经》《论语》《孟子》。王县长变法时说这些经书培养的都是酸酸儒，蒙牛又蒙人，于是简化、瘦身，把教材改成了《三经新义》。教学的目的是为国家输送人才，会写四种“回”字的孔乙己又怎样？去咸亨酒店消费从没给他打折，倒是腿给打折了。

王县长是政治家、文学家，做学问却稀里糊涂，他曾写过一本说文解字类的工具书叫《字说》，几乎全是胡说八道。苏东坡问他：“‘笃’字怎么解释？”答：“用竹子抽马为笃。”苏东坡有点困惑，问：“那么，以竹子打狗，为什么笑呢？”又问“‘波’字何解？”答：“水的皮就是波。”老苏彻底蒙了：“按你这说法，‘滑’就是水的骨头？”又问：“‘爹’字何解？”王县长转头就走。

王县长清楚自己胡说八道，所以找有学问的老师给学生授课。宋朝的老师称“教授”，来源分两种：一是“中书堂除教授”，从在职的官员中举荐任命；另一种是地方举荐“未仕，有经术行谊者”，只要有学问就可以当老师，叫“权教授”或“差补教授”。这种选任地方官学老师的方法发布于熙宁四年（1071），是王安石变法中很重要的一项举措。所以说，王安石在鄞县办学直接影响到“熙宁兴学”是有依据的，实际上，早在20多年前，王安石就在鄞县开始试验了，鄞县给了他条件摸索如何建立一套完整的教育体系。

1047年，鄞县地界上活动着五位大儒，被称为“四明庆历五先生”，他们分别是：楼郁、杜醇、杨适、王致和王说（这个“和”是连词，“王致与王说”的意思，不是卖臭豆腐的）。五位大儒有学问，特别是杜醇，“杜君者，越之隐君子，其学行宜为人师者也”。王县长写信请五位先生出山：“这里的孩子多，而且是别人家的孩子，如果下雨天手痒……”五位先生看完信后，愉快地答应了。

学校硬件设施齐备，师资力量强大，学生蜂拥而至。王安石的政策规定，学生不用承担赋税和徭役，还白吃白住，学习用具也免费，并补助津贴。宋朝政府给学校划拨“学田”做经费，鄞县的学田很大，钱不成问题。做学生是幸福的，读书多好啊：“书中自有黄金屋，书里还有女的啊！”晋朝时鄞县的老县长梁山伯，就是因为读书才做了县长，也因为读书，跟班里同学搞对象，媳妇都娶回家了……

鄞县有山有海，书山有路，学海无涯，王安石在鄞县撒下了一把读书种子，然后迅速生根发芽。王县长走后，鄞县人继续读书，开始出现了大量进士。整个两宋时期，鄞县一共诞生了730名进士，宋、元、明三朝一共诞生了超过1000名进士，据笔者推测，其中文进士可能有1024名。

1024这个数字太过神秘，所以，王县长是把种子洒向大地还是邮箱，这是个谜。

“两栖动物”沈括

将北宋的沈括定义为“两栖动物”，有点屈才。按《宋史》记载，沈括是多领域劈腿的章鱼型人才，头衔很多：天文学家、地理学家、物理学家、数学家、化学家、医学家、文学家、音乐家、军事家、外交家、水利专家、兵器专家……这些“家”加起来大概有一万多平方米。将身家上亿的沈括定义为“两栖”，不是说他在以上这些领域的成就，而是说他在政治站队时的表现。

沈括的站队行为始于熙宁年间，或者说始于“王安石变法”时期。王安石那套变法初衷还算不错，但在实施过程中严重走样。以“青苗法”为例，“青苗法”的核心就是把农民向地主借贷变为向国家借贷，这没问题，关键是政策有个死规定，不管你缺不缺钱每年都要向国家贷款两次，利息又高。变法最后变成了刮民脂抽民膏，“变法前”和“变法后”的照片，是可以贴在美容院做广告的。

在这场变法中，沈括是为王安石摇旗呐喊的骨干。沈、王两家为世交，还有点亲戚关系：王安石的弟弟王安礼娶了谢绛的女儿，而谢绛的母亲是沈周夫人的姐姐，也就是沈括的大姨妈。按这层关系，比沈括大10岁的王安石，要叫沈括表叔。这种亲戚关系虽然属于八竿子够不着，但作为一名优秀的物理学家，沈老师用杠杆原理硬是够着了。

正所谓“打仗亲兄弟，上阵小表叔”，在变法运动中，作为在王安石“新党”花名册中排名第十五的干将沈括，为新法擂鼓助威、奋力疾呼。王安石当然投桃报李，熙宁六年（1073），在王安石的推荐下，沈括以钦差大臣的身份奉命前往浙东、浙西监督视察水利，回来后都要在朝廷盛赞王安石新法之好。

八竿子够得着的表叔为鼓吹王安石的新法声嘶力竭，这让王安石很受用，很飘飘然。正在陶醉的老王没有料到，叔侄俩蜜里调油的关系马上逆转，八竿子的亲戚拆了竿子，狠狠地给了王安石一闷棍。原因很简单：王安石失势了。熙宁九年（1076）王安石变法失败后，沈括马上以三司使的身份向宰相吴充上书，历数新法的种种弊端，大猩猩似的举双手赞成朝廷废掉王安石。

对于沈括的这种无情无义、见风使舵的站队行径，同僚们先是诧异，继而不齿，连皇上也看不过眼了，“始恶括之为人”。皇上不高兴，沈括马上被贬，“御史知杂蔡确言括反覆，贬括知宣州”。这次被贬影响了沈括一生的仕途，此后一蹶不振，一贬再贬，最后贬职去了润州。

前文提到，熙宁六年沈括巡视浙东、浙西，在这次巡视途中，沈括遇见了苏轼，王铚在《元祐补录》一书中记载了这次会面。苏轼是反对王安石变法的，尽管与沈括政见不同，但他对事不对人，在杭州与沈括诗酒唱和，谈笑风生。而就是这场酒局，给苏轼带来了一场几乎灭顶的无妄之灾。酒过三巡，沈括看到苏诗“根到九泉无曲处，世间惟有蛰龙知”一句后，暗中收录，回京城后揭发检举说：“皇上是天上龙，苏轼却要到九泉下去找，实在不臣。”此后，又有人搜罗了检举苏轼的一批证据，随即引发了“乌台诗案”。皇上一声“查办”，苏家就这样散了。

沈括在贬职闲废润州后，竟又遇到了苏轼，再一次展示了自己的无耻。他见到苏轼后礼数周全，迎谒甚恭，竟又和没事一样，与苏轼热情亲切地谈笑风生。“厚黑学专家”沈括的心理素质和脸皮厚度，杠杠滴！

大理段誉有段子

笔者前年年末在大理时，就打算写一下大理名人段誉。设想的开头是这样的：

人民路遇段誉，我曰：你好，我是财子。段誉曰：你好，我是段子。我曰：不好笑。

真实的段誉（名“段正严”，又名“段和誉”）还是有点意思的。《无为寺传灯录》载段誉“善书荷花”，边款喜题“大昆明湖畔夏雨荷”，又“喜琴，著有《玉荷诗笺》四卷，《琴谱》一卷，遗曲三首”，妥妥的文艺青年。段誉特别擅长弹六弦吉他，六脉神剑一脉一根，拨得“哗哗”响。段誉的个人演唱会观赏性极强，演奏时六脉神剑可发激光，舞蹈则是凌波微步，舞台效果空前炫目：“苍山上的朋友，让我看到你们的双手！”

与小说中一样，真实的段誉也是文武双全的。段誉“幼喜刀戈，七岁入学，就学于龙苑六铉大师……六铉学识渊博，文韬武略，与中原周侗齐名”。六铉大师教出了赫赫有名的段誉，周侗也不简单，其关门弟子名气甚至超过段誉，他就是岳飞。这两徒弟打一场，胜负如何？笔者推断应该是段誉赢，岳飞只有一个师父，段誉却是双核。段誉的另外一个老师来头也很大，乃妙澄大师，教的东西更是古怪，“澄授誉六门妙法，皆异术奇门”。如果根据《宋史》记载推断，也是段誉赢。岳飞虽然死在南宋的最高法院，但记载却是“绍兴十一年（1141）十二月癸巳，赐岳飞死于大理寺”。大理的寺庙，就是段家祠堂。这是我扯淡。

段誉家祖辈几乎都出家做了和尚，包括段思英、段素隆、段素真、段素兴、段思廉、段寿辉、段正明、段正淳……“出家人不打诳语，老衲祖宗八辈都是和尚。”此言不虚。最后段誉自己也当了和尚，一家光头凑在一起，是可以当手术室无影灯用的。

跑题跑得有点凌波微步了。

段誉做和尚之前是大理国王。1108年，其父段正淳禅位于段誉，理由是“慧现疫起，国人有更王之心”，因为彗星和瘟疫而换段誉执政。当然，也可能是有人半夜扔烟头，云烟质量好，从三十几层往下扔到地都不灭，我干过。

又跑题了。

段誉做了大理新国王，年号也很有意思：日新、文治、永嘉、保天、广运。段誉之所以用特别有房地产气质的年号，大约是因为他爸爸段正淳处处留情，一房、二房、三房，防不胜防的缘故吧。历史上的段正淳其实并不花心，《大理古佚书钞》一书中录有段正淳写给他老婆高升洁的赞妻文：“国有巾帼，家有娇妻。夫不如妻，亦大好事。妻叫东走莫朝西，朝东甜言蜜语，朝西比武赛诗。丈夫天生不才，难与红妆娇妻比高低。”字里行间充满了坚贞不移。

好像又跑题了。

总之，段誉26岁就即位当了国王，当时的大理国是国富民强、国泰民安的。“誉立，二十二国、三十七部诸夷酋首，皆入大理朝贺于暮春三月。大宋亦金书册封，派使臣入贺。时方外诸技、八方歌舞，日夜笙歌于五华楼，盛况一方。和誉勤政爱民，国中渐富。”

段誉除了能文能武，商业头脑也很强，生意做得风生水起。大理国主营运输工具贸易，就是卖马，客户是宋朝，市场在我大广西，每年以一千五百匹马为定额，分三十纲至横山寨等博易场交易，有的年份多达三四千匹。生意很好，段誉很高兴，宋朝客商也很高兴。卖牲口谈价的习俗是双方把手伸进袖子里互相捏手指头，交易结束客商就吹：我跟段誉交过手，六脉神剑，也就那么回事！

不过，段誉的好日子并没过多久，他即位三年之后，大理“地大震，月余始止”，因为地震，差点颠覆政权。对于此震，段誉难辞其咎：震前欧阳锋曾贼头贼脑地在大理逛了一圈，不料段誉只听专家建议，无视蛤蟆上街，以致酿成大祸。灾后，大理就发生了叛乱，“三十七蛮多变而拒课”，“拒课”就是不交税。大理国的税确实很高，米线本来三块钱一碗，但在云南因为段家收过桥费，过桥米线就要十块钱一碗。

段誉是武术家不是军事家，仗打得糊里糊涂，最终平息叛乱的是宰相高泰明。高家是大理国最有权势的家族，一直维护和管理着段誉的江山，甚至，段誉的江山就是高家给的：事件发生在1094年，高泰明的父亲高升泰废掉了大理国王段正明，自立为帝，两年后高升泰病逝。由于诸部的反对，高升泰临终嘱咐其子高泰明还政段家，于是高泰明拥立段正明的弟弟段正淳为大理国王。

基于以上历史原因，高家在大理国很跋扈。高泰明死后，其子高智昌和段誉饮酒，高智昌醉酒失言：“皇帝本应属我，是我父听阿爷言而让位段正淳，你段誉才得以上位，我不服。”段誉大怒，以忤逆罪遣高智昌到南城修墙搬砖，云：“砖”治各种不服。

不久，高智昌生病死掉了，高的下属又不服，密谋刺杀段誉，不料行径败露，被段誉拿获。段誉的处理方式出乎意料，把刺客放了。刺客的反应更出乎意料，羞愧自杀了。云南人民的行事风格就是这样剑走偏锋，估计自杀手法也很个性，可能是晚睡、不吃早餐、电话总开机。朋友圈有云：晚上十二点后才睡觉等于自杀，不吃早餐等于自杀，手机24小时开机等于自杀……

《南诏大理国史》说此后大理天下太平，段誉开始忙着生孩子。这就不得不提他的老婆，樊绰《蛮书》（即《云南志》）卷八载“南诏（王）有妻妾数百人”。段誉的女人虽多，但只生下了四个孩子（一说八子），且全部出自皇后。跟金庸小说中一样，段誉的大老婆确实姓王，《滇史》提及其谥号为“天景端文孝德懿皇后”，不过只提姓氏，名字语焉不详，金庸可能据此给她起名“王语嫣”。当然叫“王不祥”更合适，她生的孩子一个比一个浑蛋。1147年，段誉被儿子段正兴逼迫退位，理由和段誉上位时如出一辙：“三月十四日，大雾，历二十四日方开。”云南出现了长达24天的大雾，白茫茫伸手不见五指，过桥的米线撞断成了豆芽。

段誉退位后便出家了，从此有了新名字，法号“广弘”，这是一家汽车销售公司的名字。这名字可能是因其寿命而来，段誉活了94岁，虚岁95岁，正好跟汽油型号一样，高标的。

济南少年辛弃疾杀人事件

辛弃疾在《宋史》中初亮相，就与一起杀人事件密切相关。淳熙二年（1175）六月辛酉，辛弃疾被任命为江西提刑，具体工作是“节制诸军，讨捕茶寇”。辛先生剿匪快速迅猛，淳熙二年闰九月“辛弃疾诱赖文政杀之，茶寇平”。

辛弃疾在此之前就杀过人。他第一次杀人是在1162年，这年女真大首领完颜亮被叛军刺杀后金国大乱，金国统辖的山东更乱，农民耿京聚众二十万抗金，辛弃疾投其麾下，被任命为掌书记，做秘书工作，因文笔辛辣，江湖人称“辣笔小辛”。辛弃疾入伍时带了一个叫义端的和尚，这个和尚革命意志不坚定，不两日便叛逃金国，更缺德的是叛逃时把耿京的统领印信顺走了。这相当于版主被盗号，耿京大怒，要杀义端的引荐人辛弃疾。辛弃疾百口难辩，欲说还休、欲说还休，于是请假三天，追杀义端和尚。

辛弃疾很快追上了叛逃的和尚。词曰：“众里寻他千百度，蓦然回首，义端就在，灯火阑珊处。”“灯火阑珊”这四个字妙就妙在描述的并不是灯火，而是义端的光头，其头光亮耀眼，瓦数千百度。

辛弃疾追上义端和尚后，两人有了一次对话，这次对话很重要，解密了辛弃疾的真实长相。义端先对辛弃疾说：“我识君真相，乃青兕也，力能杀人。”东汉郑玄将“兕”解释为“似牛，一角”的野兽，就是说，辛老师长得像犀牛。之后，义端向辛弃疾求饶：“幸勿杀我。”但求饶并没有打动杀手，“弃疾斩其首归报”。回去虽然是夜路，但辛弃疾走得比来时还快，因为义端的脑袋还有半格电，够亮。

辛弃疾用胳膊夹着和尚脑袋赶路的造型帅到掉渣，于是后世杀手以此为榜样，胳膊都夹东西。让•雷诺在电影《这个杀手不太冷》里抱花盆的造型，即出于此。

平茶寇、斩和尚这两次事件只反映了辛弃疾的谋略与行动能力，接下来的这次杀人事件，更让世人知晓辛弃疾真实的、超人的、令人瞠目结舌的胆量和胆识。辛弃疾的胆子大到什么程度？越王勾践曾说过：“给我辛弃疾的胆子，我能把舌头磨没！”可见其胆的直径和表面积多么惊人。

斩杀义端和尚后不久，辛弃疾去南方“奉表归宋”，一切顺利。但就在他返程回到海州时传来消息，耿京的部下张安国叛逃了，这次叛逃事件不但要了耿京的印，还要了耿京的命。辛弃疾听到这个消息很生气，对海州守将说：“一定要给朝廷和耿京一个交代，给张安国一个胶带！”小辛的行动计划胆大妄为得让听者胆寒——直接去金营绑架张安国！

关于这次行动，《宋史》和洪迈的《稼轩记》都有记载，《宋史》记述得简明扼要，洪迈说得详尽传奇，但两种叙述并不冲突。

《宋史》载，辛弃疾闯进金营时，张安国正跟金国将军喝酒，辛弃疾快递员一样熟练地把张安国用胶带捆好，填单打包带走了，金国将军反应过来去追时，张安国已经被南宋签收了，随即“献俘行在，斩安国于市”。

洪迈则说得更为夸张：辛弃疾只带了50人就去绑架张安国，而张安国所在阵营屯兵5万！1∶1000，美元对缅甸元的汇率。但辛弃疾“赤手领五十骑，缚取于五万众中”，当时张安国喝得像红眼兔子，辛弃疾带他走时，造型依旧是将人夹在胳膊里，“如挟毚兔”，飘飘悠悠回南宋了，敌营的金国将军起身去追，依旧是没追上。

“科技工作者”李鸿章

记得初中历史课上，我们老师讲到“洋务运动”时忽然激动了，大骂洋务运动负责人李鸿章，说他是封建势力的代表人物，反动、腐朽、愚昧、落后，虽然主持工作，但尸位素餐，狗屁不懂，只知道在文件上盖大红章，所以叫李鸿章。我们老师越骂越激动，下课了都不让人走。

人一有情绪，说出的话就不负责。事实上，李鸿章对工作是尽职尽责的，特别是对洋务工作。在他的主持和参与下，洋务派修建了中国近代第一条铁路干线，创办了中国第一座钢铁厂、第一座机器制造厂、第一所近代化军校，组建了中国第一支近代化海军舰队……李鸿章指导科技发展工作，除了在战略上高瞻远瞩，在实践应用上也称得上一名合格的科技工作者。

晚清战事引发了洋务运动，因而李鸿章最初关注的自然是军事科技。早在太平天国运动时期，李鸿章在写给曾国藩的信中就盛赞外国枪炮的威力：“洋兵数千，枪炮并发，所当辄靡。其落地开花炸弹真神技也！”此后，李鸿章的淮军大批量引进炸弹，不料洪秀全应对得诡异，拼命封了几千个王。王对炸弹，打得两败俱伤。

痛定思痛，李鸿章开始研究更先进的后膛炮，1874年他在奏折中对后膛炮的见解已经相当深刻：“后膛装药枪炮最为近时利器。查格林炮一宗，不能及远，仅可为守营墙、护大炮之用。惟德国克鹿卜四磅钢炮可以命中致远，质坚体轻，用马驮拉行走如飞。现在俄、德、英、法各国平地战阵，皆以此器为最利。陆军炮队专用此种所需子弹之价略与炮价相等。”

有着强烈民族自尊的李鸿章当然不满足于武器进口，很早就开始自主研发枪炮弹药。1865年9月，为成立江南机器制造总局，他上奏折称“正名办物，以绝洋人觊觎”。因江南机器制造总局的主要任务是制造枪炮弹药，李鸿章提议由苏松太道丁日昌担当总办。“丁日不做枪炮，天理难容！”李鸿章说。

洋务运动持续近30年，李鸿章的兴趣逐渐从军事科技转移到民用科技。李鸿章对西方世界充满了兴趣，由血拼沙场转为shopping商场，不断接触西方先进器物。1896年李鸿章访英，带回一架镀金胜家手摇式缝纫机，作为礼物送给了慈禧。同一年，赴德访问的他与俾斯麦闲聊时说到自己的枪伤，俾斯麦说，我们的科学家伦琴发明了一种机器，能看见人骨和内脏，李鸿章对新事物兴致盎然并勇于尝试，随即去了医院，电光一闪，成为第一个照X光的中国人。只可惜胶片是黑白的，不然可以带回国让老佛爷（以及像我的历史老师这种反对者）看看这一颗爱国红心。

若只是搞搞代购，并不足以使李鸿章完成其“科技工作者”的身份定位，他的科技素养也是引领时代的。“镟木、打眼、绞镙旋、铸弹诸机器，皆绾于汽炉，中盛水而下炽炭，水沸气满，开窍由铜喉达入气筒，筒中络一铁柱，随气升降俯仰，拨动铁轮，轮绾皮带，系绕轴心，彼此连缀，轮转则带旋，带旋则机动，仅资人力之发纵，不靠人力之运动。”李鸿章这本《蒸汽动力运转奏折》，实际上也是中国近现代第一篇科普文章。

李鸿章的科普文章甚至广播海外，且看他1887年发表于香港英文报纸《德臣西报》的论文：“医学同化学是姊妹科学，应给以同样的重视，不但应该了解它们的组合，而且必须明了该如何分析，因为不这样，就不能在诊断和治疗上发挥精确的作用。永远关注于科学原理以行诊断的收获，能够补救在解剖学及化学的理论上的不足，而其最终的结果，是将智识由黑暗变为光明。”李鸿章这种超越时代的高远眼界和深刻见识，除了天文望远镜，无可匹敌。

李鸿章对西方世界的关注是全方位的，并不止于器物。《李鸿章家族》一书中说，李鸿章的幕僚美国人毕德格为他“用中文朗读了不下八百部英文、法文和德文的书籍，使李鸿章对这个世界上发生的一切，都不再生疏”。曾有人感慨地说：“很难设想，当时中国还有哪一位高官像李鸿章这样，用这样的方式读了如此丰富的外国书籍。”笔者也很感慨：很难设想，当时中国还有哪一位高官像李鸿章这样，用这样的方式创办了中国第一个有声读物电台。笔者甚至怀疑，电台频率的基本单位“Hz”就是

“鸿章”的简写。

啰唆到了这儿，交代一下我历史老师的怒气源。在痛斥李鸿章的尾声，老师又骂起了洋务运动，说洋人没有一个好东西，抢我土地，霸我男人。我历史老师的这些判词虽然有点跑题，但我们很理解，那时她对象刚跟她分手，好像投奔万恶的女洋人的怀抱了。

“三将军”张继打人往事

此张继非写出“月落乌啼霜满天”的唐代诗人张继，不过也算是文人或文官。张继弱冠之年即在日本投身革命，是中华民国史上一个重要人物，历任中华民国国会参议院议长、南京国民政府司法院副院长、立法院院长、国史馆馆长等职，但他最为人熟知的并不是这些职务，而是他的打人本事。

年轻时的张继性格直率鲁莽，谈不拢就打，江湖人称“三将军”。曹汝霖在《一生之回忆》一书中说自己某次在日本演讲，表示只要实行君主立宪，满族人当皇帝也可以。张继听不顺耳，便在台下大骂曹汝霖，骂不过瘾，脱鞋就砸。曹汝霖祖籍浙江，旋即用近邻姑苏慕容之术以彼还彼，也脱鞋回砸。两鞋一出，听众全被熏晕过去了，除了杨幂。

其时张继和曹汝霖虽同属励志会，但派别不同，飞履互击尚可理解。张继的霸道之处在于六亲不认，不论新知旧好，看谁不爽就打。1924年，因为在“合作”问题上与戴季陶有分歧，张继大打出手，戴季陶被揍得身上瘀血条条，仿佛超市条形码。戴当场大哭，越想越委屈，负气出走，不辞而别。

按资历辈分，张继打戴季陶算是教训下属，为体现一视同仁、公正平等，他对兄弟和大哥也不客气。《辛亥革命》一书讲了个故事：1907年，孙中山的革命经费去向不明，张继误认为孙中山叛变了革命，竟然催逼同盟会庶务干事刘揆一召开大会罢免孙中山。刘揆一与其争辩说孙先生之所以如此，肯定事出有因，必有苦衷。张继辩论不过，盛怒之下愤然出手，和刘揆一扭打成一团，海尔兄弟一样分也分不开。打着打着，张继又惊觉刘揆一说得有理，瞬间停手，当众认错。张继停手是想清楚了孙先生的苦衷，还是想清楚了打不过刘揆一，书上没说。

“三将军”张继对同袍如此粗暴刁恶，攻击敌营对手必然凶狠毒辣，他与保皇党梁启超的缠斗，堪称经典一役。

据《梁启超家族沉浮命运》和《梁启超传》等资料记载，1907年在东京的保皇党和革命党先是论战，梁启超彬彬有礼，革命党则浑不吝满地打滚。章太炎的反驳文章还算讲点道理，作为《民报》编辑兼发行的革命党人张继，为报纸所选文章则篇篇人身攻击，文章的中心思想是梁启超像黄瓜、奖券、出租车，欠拍、找抽、讨打。梁启超不以为意，从容淡然回应。

本可以纸上谈兵论战，不料这年9月1日，慈禧发布上谕，决定实行立宪。梁启超得知后非常兴奋，当即在东京成立了政闻社，提出“实行国会，司法独立，地方自治，慎重外交”四条主张，指导立宪派配合清政府实施立宪。成立大会于9月11日召开，可能是日子不好，“9•11”，肯定有坏蛋来捣乱。果然，革命党得知消息，几百人跑来砸场。梁启超在台上刚吹完茶沫抿了一口茶，正要开讲，张继在台下用日语大骂：“马鹿！”跳上台就打。梁启超自知不敌，且辩且退，转身逃向后台楼梯，张继抓住他的衣服不放手，拉扯间梁启超的衣袖突然断裂，梁趁机逃窜，一路滚滚红尘，绝袖而去。

此役对梁启超的性格产生了很大影响，因为断袖，老梁性取向迷乱了好几天。还有更有趣的影响，李仁夫回忆梁启超演讲情形时说：“他虽循循善诱，但在紧要关头，他往往是将两手交叉胸前，好似准备与人搏击的姿态，非常紧张。”个人认为，梁启超的这种肢体语言是张继训练出来的。

不过儒雅温和的梁启超对这次挨揍经历并不记恨，对来调查的警察解释说：“本会中人偶在争论，既非他党来袭，亦未毁物殴人。”高风亮节的梁启超一直想感化张继，但张继就是不领情。

《梁启超年谱长编》记载，辛亥革命成功后的1912年，各界呼吁梁启超归国，昔日的敌对阵营碍于舆论也敦请他归国。张继连同他的海尔兄弟刘揆一通电梁启超：“国体更始，党派胥融，乞君回国，共济时艰。”梁启超以为笑泯恩仇了，其实根本没完。辛亥革命成功，同盟会居功自傲盛气凌人，百般嘲讽曾经主张君主立宪的梁启超。1925年孙中山病故，梁启超亲临祭悼，张继等人却气势汹汹地围攻刁难，还要抱拳打人。此时梁启超已垂垂老矣，属于“隔着三米我也倒，狠狠讹你一百块”的群体，张继按捺住冲动，转而调侃起梁启超，说经过多年研究发现，你不是黄瓜和奖券，你是出租车，总想打，却总也打不着。

孙中山殁后，张继慢慢成为民国政坛上的“活菩萨”，与世无争。大家正以为一颗武林巨星就此沉沦了，不料“三将军”再次出手。1935年11月1日，国民党四届六中全会开幕典礼毕，九时半在中央党部第一会议厅门口摄影时，竟有暴徒一人拔出手枪，对汪精卫射击。汪中三枪仆倒，暴徒被中央委员张继抱住，张学良拍落其枪，猛踢其人倒地。此时的张继，已经54岁。“五四精神永远年轻”，此言不虚！

强中自有强中手，恶人自有恶人磨。独步天下的“三将军”也有斗不过的对手。此人名为崔振华，张继尤为忌惮，提及此人便胆裂魂飞、肉颤心惊。张继的同学彭济群见过这样的场面：“三将军”跪在崔振华面前，崔举鞭猛抽，“三将军”一动不敢动，身上瘀血条条，活像戴季陶。崔振华何许人也？你们肯定猜到了，是的，“三将军”的老婆。

马君武的拳头

马君武不但矢志革命，而且也是不折不扣的知识分子，是中华民国一等一的学者、教育家、翻译家，精通英、日、德、法各国语言，涉及专业十分广泛，哲学、文史、理科、工科、农科，几乎无所不包。1906年，马君武创办中国公学，他的学生朱经农感慨地说，“凡是校内功课，没有一门他不能教”。

马君武尤其擅长化学。马先生乃日本京都帝国大学工艺化学系的高材生，最擅长做炸弹。辛亥革命之前，他曾利用暑假时间向留学生传授炸弹制造术，以作狙击清廷权贵之用。马君武玩炸弹是上瘾的，中华民国成立后，他继续向学生传授炸弹制造术，这次更简易，用纸牌，以作“斗地主”之用，这是后话。

马君武同时也以拳头扬名于民国政界，KO政要无数。马君武虽然是桂林人，但却信奉东北人“能动手尽量别吵吵”的处事原则，一言不合就开打。“一战”期间，国会讨论是否对德宣战，马君武反战，同僚李肇甫与其意见相左，马先生说完“叼尼玛掰”再无片言，举起手杖猛抽李肇甫，打得李先生一身瘀条，活像龙脊梯田。

李先生不算出名也不太能打，民国元老居正在《辛亥札记》一书中记载了一次旗鼓相当的斗殴事件，过程相当精彩。1912年，中华民国临时参议院选举袁世凯为临时大总统，临时政府成员大多数主张黄兴率兵北上讨伐袁世凯，宋教仁则急忙反对，说："统兵北上，不是儿戏，势必惹起战争……"宋教仁话未说完，时任实业部次长的马君武大声叱呵："你为袁世凯做说客，出卖南京！"民国人物都比较生猛，宋教仁也不是温顺的人，在日本时曾脱鞋砸过正在演讲的梁启超。宋教仁说服不了小马，一激动给了小马一嘴巴。威震神州的马大侠岂能受这委屈？一拳把宋教仁左眼封死。这一拳够猛，宋教仁左眼顿时血流如注。孙中山呵斥马君武，要他向宋教仁握手致歉。马君武伸手，宋教仁说："我眼痛，不好伸手。"随即入院观察。因为这一拳，宋教仁足足住院半个月。古龙小说《七种武器》里的"拳头小马"，大概说的就是马君武。

因政见不同动手勉强可以理解，马先生却因纯粹的文字纷争也挥拳相向。1921年，孙中山在广州成立中华民国政府，马君武任非常大总统府秘书长。军政府秘书、国民党大本营宣传委员陈群脾气不好，某天为了公事，陈群挑剔马君武稿件中的字句，说这不通、那不行。马君武与其争辩，一言不合，陈群竟然动手，这个找死的后果是，生于1890年属虎的陈群，被马君武松打得皮开肉绽满街翻滚。

马君武的拳头一向都是一视同仁，老虎苍蝇一起打，即便是在对诗赏月。一次，马君武在南社与苏曼殊对诗，对不上，“转羞为怒，急起，奋拳欲殴曼殊”，就要弄死小苏，好在苏诗人“茫然不知所措”，没还手，不然肯定被打得粉身碎骨，“苏曼殊”变“艹办日罒又歹朱”。

马君武对诗对不过苏曼殊，写文章却很厉害。马君武师从康南海，与梁启超皆曾听康有为讲学，得老师真传，写得一手好文章。也是因为马君武文章好，引发了一场血战。

刘禺生在《世载堂杂忆》一书中记载了这次战役：

大概是在1902年，梁启超在日本办《新民丛报》，报纸缺文，康有为的弟子罗孝高说有办法让马君武定时写稿，并且不用给稿费。

罗孝高先用“羽衣女士”的署名在《新民丛报》上发表了一些作品，梁启超加编者按：“羽衣女士，吾粤之顺德人也。才貌双全，中英文造诣俱佳……”此举果然引起了马君武的注意，问罗孝高能不能介绍“羽衣女士”认识，罗孝高说“羽衣女士”是他表妹，马上要来日本留学，介绍认识当然可以，但条件是要马君武给《新民丛报》写稿。

马先生就彻夜不眠地写啊写，稍有倦怠，罗孝高就提供新的刺激，或以“羽衣女士”之名回复信函，或赠其“羽衣女士”照片，或言“羽衣女士”马上到日本，或又威胁“作文不多，女来不绍介”。大棒胡萝卜双重刺激下的马君武笔耕不辍，笔管如石油管道一样昼夜不停地喷墨。单靠文字不足以表达自己的爱慕之情，马君武还不时买礼物让罗孝高转交“羽衣女士”，深陷爱情旋涡不能自拔。

事情坏在刘禺生这里。狗肚子装不了香油的罗孝高把这个恶作剧从头到尾告诉了刘禺生，刘笑得前仰后合。更坏的是，刘禺生见到马君武时大喝：“罗孝高的表妹到横滨啦！”小马听完直冲出门，连夜从东京赶到横滨罗家，狼狗找毒品一样满房间乱窜找表妹，罗孝高只好说出实情。

马问：“照片是谁？”罗答：“广州娼妓。”马又问：“回信谁写的？”罗又答：“我……”接下来，马君武一拳砸了过去。这一拳，马君武松把罗孝高揍成了自己的兄弟武大郎。

徐志摩的大小舅子们

徐志摩有个怪癖，他喜欢的女人全都没有兄弟。林徽因的母亲只生了她一个女儿；凌叔华的母亲生了四个孩子，全是女儿；陆小曼的母亲生的孩子倒是有男有女一共九个，但八个早夭，只陆小曼一人独活；张幼仪有好几个兄弟，可是，徐志摩毅然跟她离婚了。

按常理推断，徐志摩之所以如此，是因为怕娘家兄弟揍他。妹夫和舅子的关系一般很紧张，甚至兵戎相见，比如刘备和他的大舅哥孙权。但徐志摩没有这个烦恼，他与舅子们的关系，用不恰当的词来描述，是如胶似漆、难舍难分。

徐志摩与张幼仪的月老，便是他的四舅哥，民国银行家、实业家张嘉璈。1914年，时任浙江都督秘书的张嘉璈视察杭州一中，无意中发现一篇题为《论小说与社会之关系》的作文，笔酣墨饱、沉博绝丽。张嘉璈得知作者是硖石镇商会会长徐申如的公子徐志摩后，当即拍板将自己的妹妹张幼仪嫁给他。

徐家虽是商贾巨富，但没人取得过功名，和世代书香的名门望族张家难以比肩。能够和张家结亲，是求之不得的好事，徐父说："我徐申如有幸以张嘉璈之妹为媳。"张家特意派人去欧洲采买嫁妆，由张幼仪的六哥随行监督。嫁妆非常丰厚，"光是家具就多到连一节火车车厢都塞不下"。

但徐志摩讨厌这桩旧式婚姻，讨厌张幼仪。婚后不久，他就变道出轨追求林徽因。林女士的性格有点像她的姓，木木的，没反应，一直不成。而作为男人的徐志摩控制不住自己的欲念，有需要只好找张幼仪，要完后悔，悔完再要。

张幼仪回忆说："有一次，他和我一起躺下后，他的呼吸声不但没有缓和下来，反而因为觉得挫折和失败而扬起——他在最想摆脱我的时候，败给了我的肉体，对我们要厮守在一起这件事感到气馁。"诗人每每完事后，沮丧、懊恼、自责，又生出丝丝怨恨，于是发泄情绪写了首诗送给张幼仪：轻轻的我走了，正如我轻轻的来，我轻轻的招手，你呀，我的备胎。

1922年，徐志摩正式提出离婚，张幼仪向正在巴黎访学的二哥，近代学者、中国民主社会党领袖张君劢求助，张君劢的回信奇葩得要紧："张家失徐志摩之痛，如丧考妣。""考妣"就是爹娘的意思。更加奇葩的是，他在信中叮嘱怀孕的妹妹"万勿打胎，兄愿收养。抛却诸事，前来巴黎"。

更加过分的是，张君劢建议妹妹离婚不离家，不做徐志摩的太太，但继续做徐家的媳妇，服侍公婆。当有人向他提出张幼仪很可能改嫁时，这个曾留学法国和日本，深受现代教育影响的著名学者竟说出这样的话：“啊，那绝对不可以发生，女人只能出嫁一次，否则全中国的风俗都没有意义了。”

徐志摩与张幼仪离婚不久，张君劢告诫张幼仪，为了留住张家的颜面，在她离婚五年内不能和某个男人共同进出，以免别人以为徐与张的离异是因为张家闺女不守妇道造成的。张家兄弟对徐志摩全方位的呵护，仿佛护舒宝。

最让人崩溃的是张幼仪的弟弟张禹九，此人崇拜徐志摩到了癫狂状态。徐志摩与陆小曼结婚时，他不顾张幼仪的感受，盛装出席徐、陆二人的婚礼。徐志摩遇难后，他专赴空难现场处理丧事，扶柩南下。

最令人哭笑不得的是，张禹九竟然在自己的遗嘱中表示，自己的追悼会上不要放哀乐，朗诵徐志摩的诗即可。客观公允地说，徐志摩的诗确实比较适合在葬礼上诵读，显得逝者从容淡然：轻轻的我走了，正如我轻轻的来，我挥一挥衣袖，递上去西天的登机牌。

而被伤害的当事人张幼仪的态度，可气可怜到可怕。徐志摩与陆小曼结婚后，她不嫉恨陆小曼反倒怪罪起林徽因来：“我都把位置让出来了，你干吗不和志摩结婚？”唯有一声长叹。

张家兄妹这种不合常理的态度，除了受旧式婚姻观念的影响外，可能还有其他原因，如抱愧内疚。陈巨来的《安持人物琐忆》一书中说：“小曼云，（徐志摩）回国后发觉张氏与其父有苟且不端行为，故毅然与之离婚了。”当然，这是孤证。

“旋转木马”传奇

1931年九一八事变后，日本军队长驱直入，辽宁、吉林转瞬沦陷，不料行至黑龙江，遭遇了黑龙江代理省主席兼军事总指挥马占山。马占山人如其名，有着浓郁的“占山为王”气质，此人也确实出身绿林，最擅长劫道，堵截夺抢的手段堪比收费站。于是震惊中外的“江桥阻击战”就此展开。

马占山以约三个旅的兵力扼守嫩江桥拦截日军，11月4日，日军以满铁守备队进攻，被击退。6日，日本关东军以主力第二师团投入作战，以优势炮火和飞机、坦克掩护，形成拉锯。12日，日军又从朝鲜调来援兵，加强进攻。战役打得很惨烈，马占山孤军奋战，因部队伤亡过大，后援无继而撤退。这是中国军队自九一八事变后，有组织、有领导抗击日本侵略者的第一枪。

义声所播，震动寰宇。杜月笙在上海成立的抗日救国会积极捐助马占山的义勇军，汇到黑龙江前线的第一笔捐款就有十万大洋。上海福昌烟草公司在举国热议马占山抗日之时，借势营销推出“马占山将军牌”香烟，广告语请黄金荣题字，黄金荣欣然用

Windows XP魏碑体写下“愿人人都学马将军”。“马占山将军牌”香烟甫一面市，人人抢购，个个狂吸。

然而，就在全国人民沉浸在兴奋与激动和二手烟的情绪中不能自拔的时候，剧情突然逆转，令人瞠目结舌的事件发生了——马占山叛变了。

马占山结结实实抽了爱国人士一个响亮的嘴巴子，杜月笙脸肿得像黄金荣，黄金荣脸肿得像高晓松。最痛苦的当然是上海福昌烟草公司，马占山声誉跌落谷底，上海福昌烟草公司想转换思路再度营销，将“马占山将军牌”香烟广告语改成“愿人人猛抽马占山”。抽马占山和抽马占山香烟是两回事，没人买账，“马占山将军牌”香烟无奈黯然退市。

几家欢乐几家愁，日本人当然高兴，马占山降日相当于收费站拆除了拦车杆，日军在东三省可以通行无阻，撒欢折腾。

然而，就在日本人沉浸在兴奋与激动和免费上路的情绪中不能自拔的时候，剧情突然再次逆转，令人瞠目结舌的事件又发生了——马占山又叛变了。

马占山投降后的日子并不好过，众叛亲离，追随其抗日的东北军官兵得知其投降后发生暴乱。全国上下骂声一片，抗日救国会来电要求他退还捐款：“骗钱不办事儿，你就是红十字儿。”而日军不但不兑现在马占山出任伪职时许下的“黑龙江省自治，不干涉内部事务”的承诺，还对其实行严密监控，并要编遣他的军队。

政治压力和道德压力让马占山身心备受煎熬，更让他难过的是，他的日本上司、日本特务机关长少佐林义秀对他百般刁难。林义秀不断追查“江桥抗战”后马占山从齐齐哈尔撤离时带走的物资和钱款去向，甚至对当初抗日救国会给马占山的捐款也不放过，要求他尽快上缴。林义秀如影随形，感觉像马占山的小三，见面就跟马占山要钱。在此境况下，马占山遂生反正之心。

再揭抗日义旗的马占山破釜沉舟，誓要做到“赤条条来去无牵挂，白茫茫大地真干净”，先将300头牛、700只羊全部分给亲友，家眷每人发放3000元遣散费，再将名下的产业、店铺、电灯厂、烧锅、粮栈分给伙计经营，并将全部土地分给了租种的佃户。马占山自己对自己实施完恶狠狠的“斗地主”运动后，再次宣布抗日，这一天是1932年4月1日，马占山给日本人过了个痛快的愚人节。遗憾的是，马占山的这次抗日，由于内外交困、众寡悬殊、孤悬敌后，最终以失败结束。1932年12月5日，马占山从满洲里随苏炳文军撤入苏联。

对于中国人来说，马来了，马跑了，马又回来了，他这是“塞翁失马”；而对于日本人来说，他是带毒的“旋转木马”。

据此事亲历者、黑龙江军署参谋长谢珂的回忆录《江桥抗战和马占山降日经过》一文描述，1931年12月6日，马占山在哈尔滨准备与日军接洽议和，其心腹、步兵第一旅旅长苑崇谷百般劝阻不成，在海伦设卡拦截他去齐齐哈尔与日本方面接洽，但在12日，马占山绕过关卡由呼海路赶赴齐齐哈尔。次年1月6日，马占山再赴海伦与张景惠磋商谈判，张景惠对马占山提出的要求一概满足，马占山想周旋，日本人甚至真的把上海的周璇给他带过来了。于是2月16日“四巨头会议”正式宣称“从此与党国政府脱离关系”，整个过程行云流水一气呵成。

按常理，投降日本是关乎自身性命及军团命运的重大决策，马占山或多或少会对身边人和高级将领透露一二，但目前掌握的资料并没有此类记述。并且马占山投降日本后，也未与属下沟通解释，以致苑崇谷撇下军队，负气出走。

马占山在1932年2月23日发表演说时表示：“现在新国家（伪满洲国）已将实现，惟希大众今后对于地方、对于己身，皆应彻底努力为是。至于以前与日军误会，扰民实深，今日思之，甚为惭愧。”

这就是“马走日”事件的全过程。

东北青年戒毒记

1933年3月，东北青年张学良来到上海，准备办理出国手续。办理员宋子文一见到他，惊住了。张学良的长相倒是变化不大，就是身体不停地收缩，上次见面比上上次见面时瘦了一大圈，这次见面比上次见面时又瘦了一大圈，很浓郁的“俄罗斯套娃”风情。

张学良之所以如此，是因为染上了毒瘾。

张学良是在1924年第二次直奉大战期间开始接触毒品的，他在回忆录《杂忆随感漫录》中说：“我早在郑县驻军期间，曾患有胃病和失眠症，系由于心绪不佳和水土不服的关系。正在战争期间，不但不能休养，因战况紧张，仍须应付困难的任务，不得不以鸦片刺激，因而养成不良的习惯。”

张学良第一次抽鸦片就抽得昏天黑地，据他自己回忆：“当时，把我气得简直没话说了。那时候韩麟春他抽鸦片烟，不过，他抽鸦片烟没多大瘾，而我一怒之下，就在那儿抽他的鸦片，拼命抽，把我自个儿都抽糊涂了。”

“我什么都干，香烟我不抽，抽大烟，那个烟太小。人家是吃喝嫖赌，我是吃喝嫖赌抽，我什么都干，我抽鸦片。”张学良说话絮絮叨叨、磕磕巴巴，如同象牙山刘能上身，当然，这也解释了为什么赵四不离不弃跟他在一起的原因。

张学良战后回到奉天，便开始戒毒。他选用的是当时最流行的名叫“巴比拿耳”的戒毒特效药，岂料，这种药的主要成分是吗啡，结果“不但未能减戒，而日益加深，可谓饮鸩止渴，然而无药力支持，则又不能办事矣”。

于是张学良针瘾越来越大，一天之内需要注射多次，即使在接见宾客、举行宴会的时候，每隔一段时间必须离席入内注射，别人酒后话多尿多，他针多。热河会战前，宋子文与张学良同车视察前线，张学良每走30里就要停车打一针，到热河已疲劳不堪。张学良的部下王卓然说得更夸张：“他每日要打400多个药针，才能过瘾。”这说法是扯淡了，一天400多针，不是吸毒，是文身。

瘦得像门缝里挤进一道光的张学良形容枯槁、疲惫虚弱地坐在椅子上，像一把椅子坐在另一把椅子上。宋子文要求张学良必须把毒瘾戒除，一是为了身体，二是为了国体。宋子文劝解张学良说：“汉卿，出国之前，我劝你一定要戒除毒瘾，这不仅是为了你本人的健康，而且，也关系到国家的体面、观瞻。你不要忘了，日本人叫我们是东亚病夫啊！”

张学良回忆说：“我那次决心戒除嗜好，在大的方面说，固然是由于蒋先生、宋先生对我的劝告。但外间甚至有人说，是宋子文逼着我戒的，其实如果不是我自己下大决心，纵使十个宋子文也没法逼着我戒。”张学良决意戒毒，一是因为宋子文的劝说，二是因为他受毒瘾折磨太过痛苦。在《张学良口述历史》一书中，张学良对历史学家唐德刚说：“我跟你说，烟瘾一犯，难受得像什么似的，那肉就好像没皮肤一样，就好像烫了以后没有皮肤一样。尿尿、大小便都不敢坐，烫得难受。那滋味呀！”那滋味呀，就像是《新不了情》：“回忆过去，痛苦得想死忘不了……”

宋子文给张学良推荐了一名戒毒医生，德国籍美国人米勒。张学良信得过这名医生，因为两人是知根知底的旧相识。张学良回忆说：“这事是这样的，早先在奉天时代，米勒是孔祥熙认识的朋友，我不认识他。他到奉天为他的医院募捐。我就帮上他点儿忙，捐了十万块钱。后来他用募捐的十万块在奉天建了一个小疗养院。后来，他又在汉口也搞了一个疗养院，我又捐了十万块钱。替老先生捐的这二十万块钱。这样，我跟米勒也算是相当好的朋友了。”

据传闻，米勒治疗张学良毒瘾的方法很怪诞，“他先让病人服药使全身发泡，再从泡中取出液体注射到病人体内，一面抽出腐血，一面注入新血”。以上传闻是没有科学依据的扯淡，这是治疗免疫系统疾病的方法，而毒品成瘾机制是与神经系统有关的，如果扎泡泡有此神效，“水立方”早改成戒毒所了。

米勒的戒毒方法很简单，就是强行将张学良与毒品隔离。张学良对这一方案很认可，因为他自己就用这个方案治好过别人。故事也很有趣，张学良回忆说：“我在河南作战，曾俘获靳云鹗的军长马文远，彼有鸦片之嗜好，在看管之时，因吸食不足，打闹嘈骂。我一怒，令给他带上刑具，不准再吸。彼昏卧十余日，将嗜好戒除，迨恢复他的自由，临行之时，向我诚恳的致谢说：‘张军团长，我最感谢你的是，把我的烟瘾给戒了，若不是你这样的办法，我恐怕是不会戒的。’”

根据张学良的叙述，米勒是这样帮他戒毒的：“他给我打一种药，我连着三天处于昏迷状态，什么都不知道。要是中国医生，就不敢那么做。这个人他对我很好。他胆大。我那个部下跟他说，你要是把他治死了，我可救不了你，你的命可就没了！”

戒毒的过程当然很痛苦，张学良的私人飞机驾驶员Royal Leonard描述，张学良在戒毒期间毒瘾发作，疯狂攻击医护人员，挣扎中咬人，当院方的看护人员无法控制张学良时，米勒院长只得以体力与他展开疯狂搏斗。

米勒是个狠人，怕张学良再次发狂，用绳子把他捆成米字型勒在椅子上。被捆成米字的张学良，除了有“俄罗斯套娃”风情外，还带了点英伦风情。被绑定的张学良无法伤人，也无法接触毒品伤己。不过，有传闻说张学良被绑后，虽然无法伤人，但还是能买到毒品，因为兜里的银行卡同时也被绑定了。当然，这是我扯淡了。

就这样，一个多星期后，张学良的毒瘾没了。

戒毒期间，张学良的原配妻子于凤至和他的红颜知己赵四小姐一直守候在他身边不离不弃。张学良确实很有女人缘，据他回忆："给我戒针的美国大夫米勒告诉我说，每天早晨都有一个外国女的打电话来，问你的情况，问你戒针怎么样，身体好不好。哦，我一想，一定是她——墨索里尼小姐。"

"我还以为是谢大脚呢！"兼具"俄罗斯套娃"风情和英伦风情，但最具象牙山刘能气质的张学良说。

三教九流

“老年派”的奇幻漂流

1. 万水千山总是情，咱去日本行不行？

并非不敬，本人作为习惯图像思维和联想的按揭艺术家，看到日本唐招提寺御影堂内的鉴真坐像，发现大师的面庞昏黑暗淡，眼睛和口鼻处却白净明快，想到的是海泥面膜。由面膜自然想到代购，于是目光开始游离，以期发现马桶盖和电饭锅……

根据《宋高僧传•唐扬州大云寺鉴真传》及《鉴真和上三异事》所述，鉴真出身名门，乃战国名人淳于髡之后。“髡”是古代的一种刑罚，就是被剃光头。可能是出于对祖先的崇拜，鉴真14岁时在扬州大云寺削发为僧了。

神龙元年（705），高僧道岸来大云寺讲律，得知鉴真学识过人、德行高尚，便为他授了菩萨戒，此后鉴真声名鹊起，成为扬州颇受人们尊崇的年轻僧人。不久，鉴真到洛阳、长安游学，道岸引荐了一批大德高僧为他传教授业。鉴真又拜玉泉寺的高僧弘景为师，弘景为他授了具足戒，收其为关门弟子。

鉴真在两京受欢迎的程度，是四位导师全转身的节奏。他潜心钻研，收获极大，游学归来，26岁就在扬州大明寺讲经布道，成为名重一方的律学大师，名声之大，其时无人可比。包括日本在内的东亚各地僧侣，也知道鉴真和尚“郁为一方宗首”。

佛教自6世纪通过朝鲜传入日本后得到了广泛传播。日本大化改新后，贵族私有的土地和部民被收归国家，成为公地和公民，由中央政权直接征收赋税，征调劳役。权力的集中，促成了一系列颟顸的政策、政令的颁布和推行，社会两极分化剧烈，绝大多数农民连最基本的生活都无法维持，产生了大规模的流浪和逃亡。

当时的日本和唐朝一样，凡取得僧籍就能享受免课免役的特权。为了生活，百姓不得不归匿于寺院，以逃避调庸及兵役。日本全国上下都是和尚，个个光头璀璨，天皇楼上巡视，每每以为自己是化疗院院长。

日本僧侣数量的膨胀直接影响国家的财政收入。朝廷一方面需要利用佛教巩固统治，另一方面又顾忌寺院势力的增大而破坏统治，笼络、规范和控制佛教事业势在必行，棒子胡萝卜政策出台了。

在当时的日本，和尚出家的程序极其简单，稍讲究的不过是受“三聚净戒”，只要有一名戒师见证即可出家。更快捷的出家程序是在佛像前“自誓自戒”，光头强如果扔下猎枪，转瞬便是佛门弟子。

而在当时的中国，要成为僧侣却很是繁琐。按戒律规定，出家人须受十戒成为沙弥、沙弥尼，受具足戒才能成为比丘、比丘尼。出家人受具足戒时，必须有戒和尚、教授师和羯磨师这三师以及七名证人和尚的“三师七证”方可。

日本天皇决定引进中国这套高门槛程序，以限制日本佛教徒的数量。要有编号，要有ISO9000认证，就需要从中国邀聘一名高僧到日本传戒弘法，这就是促成鉴真东渡的原因。

早在鉴真之前，日本就已引进过此类专家。开元二十四年（736），来中国留学的日本僧人荣睿、普照，就曾邀请禅宗北宗鼻祖神秀大弟子普寂的得意门生道璿去日本。但道璿修的是禅宗，不太适合日本对引进戒律的需求，鉴真所修的律宗才是理想对象。此外，道璿的声望与地位也不及鉴真。

天宝元年（742），荣睿、普照经过考察，终于确定要引进高僧鉴真，于是赴扬州发出邀请，曰：“万水千山总是情，咱去日本行不行？”鉴真的回复斩钉截铁：“行，太行，太行山的行。”

大和尚如此爽快，有以下几个原因：

一是日本方面的诚意。据说荣睿、普照当时“顶礼大和尚足下”，顶礼是佛教徒最高的敬礼，双膝跪下，两手伏地，以头顶所尊之人的脚。用网络符号表现，画面是这样的：Lorz（跪着的人恰好是光头）。

二是鉴真在西安游方时曾在大雁塔学习佛法，对玄奘Lorz膜拜，誓做第二个唐僧去异域弘法，借此机会将戒律思想向东传入日本，加快佛教东渐。

三是当时中国的大环境不利于佛教发展，这也是学界普遍认可的原因。李唐氏族对自己家世底气不足，攀附老子李耳为其祖，定道教为“国教”，“老先、次孔、末释”。这个排序很有趣，笔者认为俗语“老子天下第一”“孔老二”“印度阿三”应是由此而来。武则天时代兴佛，但到了鉴真所处的玄宗时代，则大力推崇道教、贬抑佛教。开元二年（714），玄宗禁止新建佛寺，并禁止民间铸佛像及写经，这使佛教在中国的发展遇到了很大障碍。

“此处不留爷，自有留爷处，处处不留爷，爷去看小鹿。”扔下四句偈语的鉴真，毅然开始了日本之旅。此偈倒不是为了押韵，鉴真确实是在日本鹿儿岛上岸的。

2. 四次未遂的“日本自由行”

决心已定的鉴真大和尚开始了东渡日本的准备工作。

与只身奔赴西域的唐僧不同，鉴真问门下弟子：“谁愿随师东渡扶桑？”就是因为这个不同，毁掉了第一次东渡。

最初弟子无人应答，鉴真失望至极：“是为法事也，何惜身命！诸人不去，我即去耳！”众弟子见大师语气悲壮，去意已定，旋即表示愿与同往。

就在大家踊跃报名的时候，出事了。鉴真门下高足道航和尚说，此次代表国家出访，一定要注意形象，像如海师弟这种没文化的笨蛋，就不要去了。如海听后大怒，入城告官，说鉴真要去日本做海贼王的男人。当时唐朝是禁止私自出国的，对于偷渡的判罚很重。《唐律疏议》记载，“诸私度关者，徒一年”，鉴真一行如果要出境，必须办理严格的报批手续，江浙海域又“海贼大动繁多，台州、温州、明州海边并被其害”，于是全都被抓起来了。

他们被缉拿时的情形有趣，邀请鉴真东渡的日本僧人荣睿为逃避抓捕，慌忙中跳进水坑，“走入池水中仰卧”，没憋住气，吐出一排空心省略号。被拎上岸的荣睿有点疑惑：“群里潜水三年都没人发现呀。”

官府提审鉴真一行后发现很棘手，支持大和尚去日本的幕后老板，是宰相李林甫的哥哥李林宗，便将诬告的如海杖责六十。这个如海是高丽人，受杖责后被遣送返俗了，其余人无罪释放，物资返还，但被告诫说“今海贼大动，不须过海去”，于是船就被没收了。

信仰的力量是无穷的。日本僧人荣睿、普照四月被禁，八月得出，出狱后又来找鉴真，怂恿他再次东渡。当年十二月，鉴真召集水手18人，僧众17人，随船同去的玉作人、画师、塑像刻碑匠人，共计85人，准备再次出海。

由于第一次出海的船被扣下，鉴真无奈之下，出资80贯钱购置了一条船。

80贯的购买力如何？唐朝货币的兑换率是1两金=10两银=10贯。贞观年间，一斗米只卖5文钱，通常一两银子折一贯，也就是1000文铜钱，就可以买200斗米，10斗为一石，即是20石，唐代的一石约为59公斤，米价按今天的4元人民币一公斤计算，一贯的购买力相当于4720元人民币。唐玄宗开元年间通货膨胀，米价涨到10文一斗，一贯的购买力也差不多等于2360元人民币。因此，粗略估计80贯钱合188800元人民币。

用近20万元人民币买到的是什么船？《唐大和上东征传》说鉴真用80贯钱买得“岭南道采访使刘巨鳞之军舟”一只。按理，军备物资质量应该不错，但实际上这艘船令人大失所望。而鉴真第二次东渡失败，原因就在这艘船。

隋唐时期的军船分六种：楼船、蒙冲、游艇、走舸、海鹘、斗舰。其中楼船是大型战船，类似于航空母舰；蒙冲是被蒙皮革，船身全部封闭的速进小船；游艇、走舸是作为救急用船，速度快，士卒少；海鹘船舷左右置浮板，形如鹘翅，其作用是稳定船体，即便在滔天巨浪中也不会倾覆。

从登船人数、购船价格及后期表现推断，鉴真置办的应该是水军中装备最多的“斗舰”。《通典》云“斗舰，船上设女墙，可高三尺。墙下开掣棹孔，船内五尺，又建棚，与女墙齐，棚上又建女墙”，这种船一般作为指挥船，主要为内河作战而设计，应付不了出海。

于是天宝二年（743）十二月，鉴真用80贯购买的这艘船刚到江苏太仓狼沟浦，基本上没驶出扬州五环，便“恶风漂浪，波击船破”，一众僧侣全部落水，当时情形，“潮来水至人腰，大和尚在乌蓝草上，余人并在水中”，鉴真见水面上漂浮着的圆润光洁脑袋，忽然想喝珍珠奶茶了。

船被毁坏，难以成行，鉴真一行只得先上岸住下修船，等待合适的风向，准备第三次出海。古代海上航行的动力主要依靠季风，从长江三角洲东渡日本，秋冬季偏西和偏北的季风比较合适，这种风不但有助于航海，饿了的话，还可充饥。

一个月后，鉴真一行再度起航，行至今浙江东部嵊泗县桑石山，咔嚓，触礁了。鉴真爬上岸看着沉船思考，是不是发错了订单？这明明是潜水艇嘛。

搁浅在荒礁上的鉴真一行被粉丝安置在鄞县的阿育王寺。附近寺庙听闻大师莅临，纷纷邀请他去杭州、宣州、湖州讲律授戒。鉴真一边授课，一边筹备第四次出海。

这次，鉴真决定从福州出发，然而叛徒再次出现。鉴真门下弟子灵祐担心老师年事已高禁不起浪击涛冲，更担心高端宗教人才流失，决定告官，“遮令留住”。官府对此事很重视，竟然发了通缉令，于是赶赴福州的鉴真很快被发现并拿获，路上怕他跑了，“防护十重围绕，送至采访使所”，再扭送回了扬州，“采访使处分依旧，令住本寺，约束三纲防护曰：勿令更向他国”。鉴真没受什么刁难，但邀请他的日本僧人荣睿、普照却被关进了监狱。官府的逻辑很简单，没有买卖就没有伤害，鉴真之所以总想往日本跑，就是因为受这两个带路党的蛊惑。

第四次出海就这样结束了。鉴真又羞又怒，把告密的灵祐一顿臭骂。灵祐为祈求师父原谅，“日日忏谢乞欢喜”，每天晚上从一更到五更，一动不动站在门前谢罪。有小僧建议他白天来站，这样可以依据影子推断时间，省了日冕。

3. “老年派”的奇幻漂流

矢志不渝，百折不挠，万般艰苦，毫无退意。四次东渡失败仍未能动摇鉴真去日本传法的决心。一二三四，再来一次。第五次东渡与此前截然不同，是一次绚烂的“老年派”的奇幻漂流。

天宝七载（748），出狱的日本僧人荣睿、普照再次找到鉴真策划东渡。行笔至此，不禁莞尔，荣睿、普照在中国停留了十余年，不是在监狱就是在去监狱的路上，从来不知房租为何物。

六月二十七日，荣睿、普照和鉴真自崇福寺启航，再次展开“次次欲行，次次不行”的行动。此次同行的僧侣有祥彦、神仓、光演、顿悟、道祖、如高、德清、日悟、荣睿、普照、思托，连同水手18人及其他随同人员共35人，停停走走拖了三个多月始终未离开中国海域。十月十六日早上，鉴真忽然说：“昨夜梦见三官人，一着绯，二着绿，于岸上拜别，知是国神相别也，疑是度必得渡海。”这个梦对东渡无关紧要，连花絮都算不上，但对鉴真文化研究是个突破，以此可以推断出鉴真的色彩感不错，起码不是红绿色盲。

《唐大和上东征传》记载，这天出海不久，东南海域忽然出现一座大山，又忽然消失。“见山是山，见山不是山，见山又是山”，短短一个上午就完成了一生的认知修为。

这场“海市蜃楼”消失不久，也许是大和尚讲了个笑话，结果，海啸了！“沸浪一透，如上高山；怒涛再至，似入深谷”。航船变成炒勺，大和尚肠子颠搅成联通logo。水手将物资抛掷入海，当扔到栈香笼时，忽然从空中传来声音，言：“莫抛，莫抛！”水手才平静下来。到半夜，水手说此船有神灵护佑了，并指出了神灵的数量和站位，“二在舟头，二在樯舳边”，这个数字和布局，让人感觉是神想打麻将。

风浪平静下来后，让人惊悸的画面出现了。船边忽然出现了海蛇，“其蛇长者一丈余，小者五尺余，色皆斑斑，满泛海上”，密密麻麻的海蛇布满了海面，船开了三天才冲出蛇海。新海域的景象更加奇幻，“白色飞鱼，翳满空中，长一尺许”，满天都是白鱼在翱翔。三天后飞鱼散尽，天上出现了一群飞鸟，“鸟大如人，飞集舟上，舟重欲没，人以手推，鸟即衔手”。

对于以上三种诡异奇幻的生物，史学家汪向荣认为是：海鳗、飞鱼、信天翁。生物学家认为是：花鳗鲡、飞鱼、鹈鹕。按揭艺术家认为是：洗澡的白素贞们、出海的敖丙们、迷航的雷震子们。

其后两日海阔天空，唯有急风高浪。船上的精神生活枯燥，一众和尚脑袋交相碰撞，引得鉴真忽然想打台球了。船上的物质也很匮乏，携带的物资几乎全都颠簸进了海里，只剩下些许生米，根本不能吃，连淡水也告罄了。普照饿极，吞了几把生米，咽不进，吐不出，噎得脖子鼓胀，活像一只鸬鹚，喝了海水立即腹胀。

苦海无边，回头没岸，一船人个个倒霉相，只能相互对望，望霉止渴。正忧愁，海中忽然出现了四条金鱼，“长各一丈许，走绕舟四边”。因为和尚身份的限制，面对近在咫尺的四条裸体大美人鱼，吃不得，摸不得，美好的诱惑惹得一众僧侣欲火冲天，愈加口渴。次日，一船人喉咙干得浓烟滚滚，远远看去，帆船好像蒸汽船似的。渴到快要死时，荣睿忽然露出了喜悦的笑容，说自己梦见一个人送了他一杯色如乳汁的饮料，取饮甚美，并说马上给同船的众人送水。这个梦居然不是反的，第三天未时，西南空中风起云涌，天降暴雨，人人把碗承饮。第四天亦雨至，人皆饱足，齐声欢呼：感谢萧敬腾。

奇幻漂流还在继续。又过了一天，又有四条白鱼来领航，“引舟直至泊舟浦”。一船人上岸觅水，居然找到了一个大水池，“清凉甘美，众人争饮，各得饱满”。离奇的是，次日再去，水没了，“昨日池处，但有陆地，而不见池”。于是“众共悲喜，知是神灵化出池也”。按揭艺术家怀疑，之所以水涸不是神迹，而是取水组合出了问题：他们可能是三个人一起去的，三个和尚没水喝，这是古训。然而岛上的风光却很是不错，当时正是农历十一月，此时应当万物肃杀，但岛上却是“华蕊开敷，树实竹笋，不辨于夏”。

此前曾说过，鉴真一行人遇险时有四位神灵护佑，推测他们是在打麻将。按照规律，季风应该向东，但这一年四位大神东西南北风碰得神魂颠倒，大和尚在海上漂泊了半年，到了海南岛的延德郡。

上岸后的旅程也很奇幻。鉴真上岸后，便有四个信徒前来接应，行动极其迅疾。他们之所以如此，是因为怕鉴真被吃了。这不是危言耸听，按当时中原笔记所载，岭南确实有食人族，巧的是鉴真一行当晚确实见到了一个神秘人物，“晚见一人，被发带刀，诸人大怖，与食便去”。“被发”就是披散着头发，在中土人士看来，这种披头散发的玩意就是野兽、食人族。作为除了头发特长再没有特长的按揭艺术家，看到此处哭笑不得。

延德郡别驾冯崇债得悉鉴真到来，安置他们在州内大云寺。一年后，鉴真至万安州，后又抵达崖州、雷州、梧州、广州、韶州。这段时间发生了很多事，日本僧人荣睿染疾圆寂，鉴真的眼睛也在这一年因为庸医治疗失败而盲。按《唐大和上东征传》记述，天宝九载（750）从广州到韶州时，鉴真由于“频经炎热，眼光暗昧，爰有胡人言能治目，加疗治，眼遂失明”。

史学家陈垣提出了不同意见，他认为：“鉴真和上到日本后晚年曾失明则或有之，谓鉴真和尚未到日本前已失明，则殊不可信。后人说他未到日本前已失明，都是根据《东征传》一句话，这是孤证，应该找他同时或当时人的话来作为证据。”支持陈垣这一观点的证据是，鉴真在日本曾留下一份《请经帖》手迹，字迹清楚，行距整齐，格式规范，绝非盲目或视力极不好之人所能写出，否则就是代笔，而不是鉴真的真迹了。

4. 六渡扶桑，遂果本愿

天宝十载（751），第五次东渡失败的鉴真回到了扬州，这一年，他已经64岁了。根据鉴真与日本僧人普照分手时的情景推断，此时他已经无奈到准备放弃了，“时大和上执普照师手，悲泣而曰：‘为传戒律，发愿过海，遂不至日本国，本愿不遂。’于是分手，感念无喻”。

不料天宝十二载（753），事情出现了转机。这一年日本大使团准备回国，路过扬州拜访鉴真，说从长安出发前曾给政府打了报告，玄宗批准鉴真与日本使团同去日本。鉴真听罢起身拎旅行箱，日本人接下来的话又让鉴真跌坐在蒲团上。李隆基虽然批准鉴真东渡，但有附加条件，必须搭配两个道士与鉴真同去日本弘扬道教。日本人很反感这个买一送二的捆绑销售，他们不需要长毛道士，于是拒绝了。这一拒绝，“大和尚名亦奏退”，鉴真的名额也被取消了。

鉴真不是很在乎名额被取消，他准备私乘日本使团的船，再次偷渡扶桑。但日本使团的来访，引起了扬州僧俗的注意，对鉴真看护很严，“龙兴寺防护甚固，无由进发”。

鉴真无法脱身，恰此时弟子仁幹从婺州到扬州，决定用自己来时乘坐的船接鉴真离开扬州，到黄泗浦搭乘日本遣唐使船。十月十九日戌时，深谙“防火防盗防徒弟”的鉴真趁徒弟守卫松懈，从龙兴寺逃至江头，上船跑了。

扬州政府下令围追堵截，二十三日，日本大使对鉴真说：“方今广陵郡又觉知大和上向日本国，将欲搜舟，若被搜得，为使有妨。”怎么应对政府的搜查？换船！使团的舰队一共四艘，鉴真由第一艘船换到第二艘。

十二月六日出事了，这天大风忽起，第一艘船被风暴活生生吹到了越南，全船180人，死了160人。这艘船上有个著名的人物，日本人阿倍仲麻吕，也就是李白的好朋友，诗人晁衡。船只失事的消息传到中国，误传晁衡已溺死，李白写了一首《哭晁卿衡》悼念他。而换船的鉴真，十二月二十日平安到达了日本。

鉴真一行，前后历时十年，六次启行，五次失败，航海四次，几经绝境，先后有36人死于船祸和伤病，200余人退出东渡行列。只有鉴真笃志不移，百折不挠，终于实现了毕生的宏愿。

根据民间的说法，鉴真除了为日本带去佛经、佛像、舍利等物，还带去了酱油酿造、豆腐制作等技术，以及高端的医学技术。鉴真医术精湛，日本医道把鉴真奉为医术始祖，直到德川时期，日本的药袋上还贴有鉴真像，足见鉴真对日本医药影响之深远。《续日本纪》的记载更为神奇：日本朝廷将各类药物请鉴真甄别，他通过鼻嗅、口尝等方法加以品定。当时日本也没啥药，所以鉴定：“板蓝根，兑水的板蓝根，过期的板蓝根……”一无错失。

天宝十二载（753），鉴真大和尚到达日本，引起日本举国轰动。天宝十三载（754）二月四日，鉴真入京，五日，“宰相、右大臣、大纳言以下高官百余人来礼拜问讯”。四月初，鉴真“于卢舍那殿前立戒坛，天皇初登坛受菩萨戒，次皇后、皇太子亦登坛受戒，寻为沙弥澄修等四百四十余人授戒，又旧大僧灵福、贤璟、志忠、善顶、道缘、平德、忍基、善谢、行潜、行忍等八十余僧，舍旧戒，重受和上所授之戒”。

从此，日本律仪渐渐严整，师资相传，遍于寰宇。如佛所言：“我诸弟子展转行之，即为如来常在不灭；亦如一灯燃百千灯，瞑者皆明明不绝。”

大和尚点燃了一盏灯，整个日本佛教界，就亮了。

全真掌教丘处机

我第一次听说“全真七子”是1985年看电视剧《射雕英雄传》的时候，当时不太识字，把“七子”听成了“妻子”，再看电视剧更疑惑——六个道士加一个道姑。因为“妻子”的概念未消，就误以为他们真的是一家，犹记得这六个男人张口闭口“大丈夫顶天立地……”，人人争当大丈夫，也就懵懂理解了为什么每次出场都大打出手，大概是争风吃醋抢排名。

直到年龄稍长，才消除了误解，也知道这七个人真实存在过。和电视剧中一样，在真实世界里，七人之中最出名的也是马钰和丘处机。他们之所以出名，是因为都曾做过全真道掌教，而丘处机知名度最高，则是因为他在推动全真道发展过程中所做贡献最大。

尹志平在《清和真人北游语录》一书中谈及“全真七子”中的马钰，说他道行最高。但作为全真道第二任掌教的马钰太注重个人“内丹”的修炼，无意花时间与精力发展教徒，营造宫观。马钰掌全真道期间，以无为离尘、去俗识心、苦行见性为指导思想，他认为，要得道就必须去奢从俭，克制欲望，清修苦炼，云游乞食。

跟马钰修道老遭罪了，什么都不能想不能要。最过分的一次是弟子要登高看看风景，他居然不允许，说想登高就是有欲望："登临乃人之所欲，修真之士不为。"又说，看风景很危险，可能引发一场恶战："你在高处看风景，看风景的人在楼上看你。你说，你瞅啥！他说，瞅你咋地？"活生生给拽了下来。

在马钰这样的指导思想下，全真道没有办法发展壮大。《清和真人北游语录》一书中说，跟他混的只三个人："道伴不过三人，茅屋不过三间之戒。至于建祖堂，亦止三间。"

马钰是个很厉害的预言家，他临终时对丘处机说："吾殁之后，教门当大兴，四方往往化为道乡，公正当其时也。"后来成为全真道第五任掌教的丘处机也的确实现了这一预言。

丘处机的专业水平并不高，他自认为是师兄弟中最笨的，"得道"最慢。"丹阳子"马钰只用两年半就完成了学业，"长真子"谭处端用了5年，"长生子"刘处玄差一点，用了7年。丘处机说自己用了18年才得道，不料"到通天彻地处，圣贤方是与些小光明，未久复夺之"，刚拿了毕业证，又被收回了。

丘处机虽术艺鲁钝，但却是"全真七子"中最善经营的。他发展全真道的手段无他，就是攀附权贵，政教结合，相互利用。

丘处机接替刘处玄任掌教后，彻底抛弃师兄马钰的“无为”路线，改为“无所不为”。《清和真人北游语录》一书中说，丘处机传教“有为十之九，无为虽有其一，犹存而勿用焉”。

丘处机神通广大，尤其擅长天气预测，准确率堪比中央电视台节目主持人宋英杰。《长春真人西游记》一书中的记载颇为神奇，只要遇到天旱，丘处机就设醮求雨，屡屡应验。

某年大旱，群众请丘处机求雨。丘真人扭捏了一下便开始做法，“咔嚓”一声“雨大降”。徒弟担忧下午还有事情，这么大的雨不停怎么办？正想着，“俄而开霁”，“众喜而叹曰：一雨一晴，随人所欲，非道高德厚者，感应若是乎”！查了下，丘处机徒弟里没有“雨神”萧敬腾。笔者推断，他如此灵验，不是萧敬腾，应是关节疼，每到雨季膝盖便肿胀不消，两条腿看着就像“中中”。

神通广大的丘处机很快引起了朝廷的注意，金大定二十八年（1188），金世宗召丘处机进京，问以养生之道，并命他居于万宁宫之西，以便随时召见。皇帝的一再征召问道，直接抬高了全真道士的身价，也促进了全真道的发展。

经数十年发展，全真道组织已具有相当的规模，鲁、豫、晋、冀等地道观林立。中国地图上什么最多？当然是收费站。当年地图上的道观数量足以比肩收费站，可见多么壮观。据《元一统志》载，仅燕京及周边地区即有全真道宫观百余所。全真道徒更是无数，《清虚宫重显子返真碑铭》称“东尽海，南薄汉淮，西北历广漠，虽十庐之聚，必有香火一席之奉”，全国上下都是全真道徒。声名鹊起的丘处机成为万众瞩目的偶像，红得发紫，仿佛站在微波炉的转盘上，旋转舞台，灯光环绕。

声焰隆盛，鼓动海岳，百尺竿头，更进一步。势力庞大的全真道成为宋、金、蒙古三国争取的对象。丘处机观察时局，分析大势，判定宋、金寿数将尽，转投成吉思汗怀抱，于是有了著名的“西游记”。

1219年，使臣刘仲禄请丘处机去见正在西征的成吉思汗，丘处机带着徒弟就上路了，跋山涉水、卧冰眠霜、餐风啮雪，历时两年多的万里行程，终于在1222年到达西域大雪山。成吉思汗对丘处机的到来很是高兴，在与其座谈时指出：“长期以来，全真道始终高举爱国爱教旗帜，充分发挥桥梁纽带作用，在参与社会公益慈善事业等方面做了大量富有成效的工作。希望全真道的领导班子认真贯彻国家的宗教政策，依法管理宗教事务，用实际行动维护宗教和谐、社会稳定，为建设现代化幸福中国做出积极贡献……”

其实并没有上面那些话。成吉思汗很实诚，他关心的是自己的身体，问丘处机：“真人远来，有何长生之药以资朕乎？”丘处机也很实诚，说没有，曰：“有卫生之道，而无长生之药。”“卫生之道”就是“清杂念、减私欲、心宁静”的养生之道，成吉思汗觉得有点寡味，跟丘处机谈话不如看朋友圈，《老祖宗留下的一百个偏方》《两头大蒜让你活一百岁》说得比老道详尽细致。

总而言之，还是要拉拢这位宗教领袖。1223年，成吉思汗发圣旨，“教你天下应有底出家善人都管着者，好的歹的，丘神仙你就便理会”，且“丘神仙底应系出家门人等随处院舍，都教免了差发赋税者”。

有了统治阶级支持的丘处机“玄风大振，四方翕然，道俗景仰，学徒云集”，全真道宫观建造工作以空前规模开展。道观大得很，从门口走到大殿要调表，因为有时差，以致丘处机走得膝盖肿胀不消，两条腿看着就像“中中”。

被泼脏水的尹志平

笔者上高中时看金庸的小说《神雕侠侣》，特别不喜欢小龙女，觉得她装得有点过，纯洁得好像鸡蛋清一样。直到尹志平出场，冰清玉洁的鸡蛋终于变成了卤蛋。心惊肉跳、漪念丛生后，竟有了一丝莫名快感，满足了破坏欲，满足了荷尔蒙。

很遗憾，这件事只是意淫而已，真实的尹志平纯洁得比小龙女还像鸡蛋清。

关于尹志平的事迹，集中在其徒弟编撰的《清和真人北游语录》一书中。据记载，尹志平祖籍河北沧州，宋朝时其先祖迁徙至山东莱州，为书香门第，祖上“皆读书登进士第，仕至刺史者盖七人”。尹志平本人也是个读书种子，幼年时便是神童，记忆力超群，据《清和真人北游语录》一书记载，他自述说:“吾生三岁，其见闻之事，耿耿不忘于怀，五岁入学，不出冬三月，能记《孝经》《论语》二经，虽使日记千余言，犹有余力。”这是艳羡死金鱼的恐怖记忆力，灌孟婆汤都没用，万事都记得一清二楚，除了欠别人钱。尹志平读书背书之余，亦勤于思考，5岁时就跟小区看门老大爷一样，不断追问自己：“我是谁？从哪来？到哪去？”

很遗憾，这次终极追问到最后，什么也没追问出来。估计和尹志平思考问题的环境有关，尹志平当时“心思惘然，坐于大桑之下”，如果把桑树换成苹果树，可能“万有引力”就被他发现了。

按照这聪慧的资质，尹志平本可以当刺史的，但他无心学业，却对玄幻阴阳学说兴趣颇浓。他7岁时遇关西王大师，一语相契；14岁再遇“全真七子”中的马钰，决定弃家入道，然而他爹坚决不允许，将其反锁于家中。尹志平对这个封建家庭的抗议行为主要是“默祷于北辰之下，每至千拜”，脑袋磕得又红又肿又大，仿佛小龙虾。除了抗议，求道心切的尹志平如同被拐卖的妇女一样，只要逮着机会就跑，跑了被抓，抓了再跑，鞋底越跑越薄，速度越来越快。五次三番之后，他爹万般无奈，同意他离家，尹志平临行前，他爹叹息道：“可惜了一棵田径好苗子。”

出尘离俗的尹志平先是在昌邑县修道。大约是幼年时在桑树下想问题没想通，所以这次他改在桃树下思考，很认真也很勤奋，“每过半夜，有时不知天晓”。

夜长梦多，不睡事多，莫名其妙的怪事出现了。据《清和真人北游语录》一书记载，某晚四更，尹志平正打坐时，忽然来了个非尘世人，道骨仙风，金光玉泽，莹然相照，定睛细看，原来是“全真七子”中的“长生子”刘处玄。刘真人走到尹志平面前，一刀就把他的脑袋砍掉了，想了想，又替他安上了。十天后，刘真人又来了，这次他把尹志平的心挖出来，又安回去了。再过了十天，刘真人带了一堆吃的来，尹志平刚吃完，他又开膛破肚给抠了出来。被刘处玄当成乐高玩具拆拆装装的尹志平认为这是“易吾之俗头面”“去吾之俗心”“去其所损”，经过“开膛手杰克处玄•刘”的开膛破肚，尹志平脱胎换骨悟道了。

金明昌二年（1191），尹志平正式拜丘处机为师，遂执弟子礼，久之，尽得丘之教化，此后，又问《易》于郝大通，受箓法于王处一。金庸小说《神雕侠侣》中的尹志平，应该就是在这期间认识了小龙女，并展开了后续的故事情节。

然而，真实的尹志平不可能做这类事。全真道“内修心性、外修功行”的修炼，是以极端的禁欲主义为基础的，七情六欲是成仙证真的大障，需要把生活欲求降到最低限度。全真道的教徒以头陀式苦行著称于世，倡修苦行，不准有妻室。尹志平更甚，除了清修，还要求自己减食、省睡、断色欲，自少年入道，一生不近女色，他宣称“修行之害，食、睡、色三欲为重，多食则多睡，睡多，情欲所由生”。

尹志平生平事迹与金庸小说《神雕侠侣》中唯一吻合的情节是见成吉思汗。蒙古太祖十四年（1219），成吉思汗派使臣刘仲禄征召丘处机，通过尹志平的运作，促成了著名的跨雪山过草地的“西游记”。尹志平作为随行大弟子，与丘处机西觐成吉思汗于大雪山。

这次返程，途经山东，听闻太行山战乱，尹志平南下招降，平息叛乱，“道经太行山间，群盗罗拜受教，悉为良民”。经过国家最高领导人的接见，并通过平叛事件的渲染，尹志平由此道名四播，远近尊礼，参道者不绝。

1227年，丘处机仙逝后，尹志平继任全真道掌教。《元史》中特地记了一笔：“尹志平等世奉玺书袭掌其教，至大间加赐金印。”由此可知，尹志平是一位受国家认可的宗教领袖和受信徒爱戴的慈祥长者。此外，尹掌门文艺修养很高，所作咏怀、遣兴的诗词甚多，结为《葆光集》三卷。

所以，德高望重、积行累功、克己济人、勤于诲人、严于律己、行善远恶、清心寡欲、不慕荣利、甘居淡泊，才是真实的尹志平，其一生君子行径，如果不怕缉毒警察，是可以改名叫“尹君子”的。

“邋遢道人”张三丰

我家的业余女诗人，也就是我娘，是个作品无数的高产诗人，其代表作如下：“上下五千年，埋汰万万千，从上往下数，我儿排第三。”作为“探花郎”的我问道：“状元和榜眼是谁？”答曰：“我爹和你爹！”一门三邋遢，直追武当山通微显化真人张三丰。

张三丰先生的邋遢，我辈只能仰望，不可企及。《明史•方伎传》记载张三丰“不饰边幅，又号张邋遢”。张先生衣服虽脏，但实用性很强，无论流浪至何处都不会迷路——其道袍遍布污垢，看上去就是一幅谷歌地图。张三丰“寒暑惟一衲一蓑”，无论寒暑，永远只穿一套衣服。原因很简单：马化腾总不过生日，所以总不发Q币；没Q币，只好一套QQ秀走天下。

除了邋遢，张三丰先生还是个特别“有味道”的人，其脚臭盖世无双，用古龙的话说就是：“比张三丰脚更臭的，世上只有一个人。谁？明天的张三丰！”佛教有典曰“步步生莲”，道家张先生则是“步步榴莲”，其味属于混合型，变幻莫测，不止有榴莲味，还有酸笋味、豆汁味、虾酱味……最后回归经典，无论煎豆腐、炒豆腐、炸豆腐，脱鞋吃都是臭豆腐。

更变化多端的是张三丰的肚子。因为吃饭没规律，“所啖，升斗辄尽，或数日一食，或数月不食”，所以张老师的肚子颇具科技感，饿着时像1，吃饱了像0，如此反复，就成了“1010101010……”。有程序员根据他肚子起伏的韵律，编出一套Win10系统。

张三丰的长相也很有个性，他长得比较有桃园三结义的气质，《明史•方伎传》载张三丰“颀而伟，大耳圆目，须髯如戟”。颀而伟——关二；大耳——刘大；圆目，须髯如戟——张三。所以张三丰又号：张三合一。

不是我贫嘴，作为东北懿州人的张三丰本人就非常贫嘴，“善嬉谐，旁若无人”。张三丰这张嘴是很霸道的，除了会讲笑话还会预言，特别是预言房地产行业趋势，稳、准、狠。昔年他与弟子游武当山，大发感慨道：“中央对待房地产的态度已经从‘强调行政调控’转为‘建立长效机制’，对现有的财税体制、土地政策、金融体制都将进行相应的市场化改革。在市场分化的现实背景下，就会突出地方政府在调控中的主体作用和主体责任……”然后预测武当山“异日必大兴”，随即开始在此盖房子做钉子户，张三丰“与其徒去荆榛，辟瓦砾，创草庐居之”，草庐落成后，命“铁画银钩”张翠山在墙上刻出个大大的“拆”字，静候佳音。果然，若干年之后，明成祖朱棣“命工部侍郎郭琎、隆平侯张信等，督丁夫三十余万人，大营武当宫观，费以百万计”。

张三丰不仅能预言房价，更神奇的是，还能预言生死。洪武末年，他云游到宝鸡金台观，忽一日说自己要死了，说完就over了。这当然是在装神弄鬼，可宝鸡群众很实在，“县人共棺殓之”，本来这场秀还要继续演，不料抬棺的问：“棺材抬去哪？是乱坟岗还是火葬场？”答曰：“火葬场！”话音刚落，只听一阵“咚咚咚”敲门声。QQ上线了？不是。老张在棺材里边敲边喊：“放我出去！”就此满血复活了。免遭火烧重新做人的老张并没有洗心革面，依旧邋遢，依旧装神弄鬼，还是原来的配方，还是熟悉的味道。

几次炒作事件使张三丰声名鹊起，终于惊动了中央，明太祖朱元璋开始对他感兴趣，“太祖故闻其名，洪武二十四年（1391）遣使觅之”。朱、张二人早年都做过和尚，可能因为都跟某位师太有过纠葛，张三丰就是不见朱元璋。

朱元璋死后，朱棣继续找张三丰，这次寻找的范围更大，用了排查建文帝的力度，还是没找到张三丰。

朱元璋和朱棣找不到张三丰，是因为他居无定所，“游处无恒”，且“踪迹益奇幻”。而且张三丰跑得又快，“或云能一日千里”，可以随时变为“三蹦子”，烧着93号汽油“嗖嗖”跑，根本追不上。

关于张三丰的最终下落，《明史·方伎传》说“终莫测其存亡”，什么时候出现的不知道，什么时候消失的也不知道，小三嘛，都是神秘叵测，隐藏得极好的。于是，张三丰的故事就这样结束了，《难忘今宵》都没唱。

“狂僧”一休的故事

作为日本最负盛名的禅宗大师，一休和尚的事迹在动画片《聪明的一休》里交代得很翔实，只是关于他的名字有一点小瑕疵，据其弟子所撰《一休和尚年谱》记载，一休全名应为“一休宗纯”，这是两个法号的合体：他16岁追随西金寺谦翁和尚，得名“宗纯”；24岁追随华叟宗昙大师，再得名“一休”。

一休的身世也稍有争议。他确实是天皇的儿子，但到底是哪个天皇，不太确定。动画片《聪明的一休》说他是后小松天皇的儿子，这也是学界的主流观点。但一休出生时的日本刚结束南北朝，有四个天皇在世：北朝的后小松天皇，被打跑的后龟山天皇，出家的崇光天皇，还有后小松天皇的父亲后圆融天皇。这四个人都有当他爸的嫌疑。当时的日本很乱，所以隔壁老王也有嫌疑。当然，无论谁是他爸都不影响其王子身份，老王的儿子也是可以叫“王子”的。

一休之所以成为声名远播的风云人物，与其出身、职业及言行有莫大关联。和尚作为特殊职业，本身就具备神秘感，再加上王子身份则更具话题性，最让人津津乐道的是他出位的言行。一休特立独行、离经叛道的行事风格，集观赏性、娱乐性、教育性于一身，是一个百年难遇的多栖明星。

童年时代的一休和动画片中一样，聪明善良，正义机智。然而，在一休27岁的时候，他的性格发生了巨大的改变。

谦翁和尚去世后，一休转投大德寺名僧华叟宗昙，这次转会颇费周折。最初，一休被大师拒之门外，跪在寺门外死磕干耗，大师命人向他泼水，他仍跪在原地不动。大师见封在冰里的一休有点像琥珀，于是就收他为徒。之后的某个夜晚，27岁的一休闻鸦啼忽然开悟：禅修的目的是拂去尘埃，回归真实的自己。这一开悟不要紧，一个狂放不羁、醉酒狂歌、狎妓作乐的“狂僧”诞生了。

最先见识到一休转变的世俗之人是京都富豪高井。高井请一休为亡父做法事，一休衣衫褴褛地去了，被当作要饭的给打跑了，第二天一休“紫衣金襕”再去，富豪亲自出门迎接。一休怒道：“穿席来受冷落，金襕袈裟来笑脸相迎。你请的不是我，是这套衣服，让它给你做法事吧。”遂脱衣，扬长而去。路人问其何以袒胸露臂，一休一本正经道：东京热。

一休的大师兄养叟宗颐也感受过他的洒脱性情。华叟宗昙圆寂后，养叟宗颐做了主持，养叟为装修寺院向财主募捐财物，一休认为大师兄修寺不修禅，是出卖理想，妄谈佛法出售僧籍，是对佛祖的无耻背叛。于是一休张口就骂，甚至要打，闹过后在头上画圈："格叽格叽，画个圈圈诅咒你！"然后愤然离寺，大师兄怎么拦阻都没用，电话沟通解释更不可能，一休把彩铃换成紧箍咒了。

不过，一休自己也没遵守禅宗的戒律，当然，这与他对禅宗的一贯理解和思考不冲突。在他看来，禅宗的最高境界是摒除虚妄活出真我，宗教的外在形式即禁欲教条是表象，是可以颠覆的。他是这么想的，同时也付诸行动。

1436年大德寺开山国师宗峰妙超圆寂百年祭奠时，僧人在念经，一休却把女人带进了禅房，据《一休和尚年谱》记载，这天"适逢开山国师百年大忌。师（一休）前往塔下参拜，一女子带衣袋在后随行"。悟透真谛的一休非但不为国师祈求冥福，反倒一边听僧人诵经，一边同女子调笑，还作了淫诗一首："开山宿忌听讽经，经咒逆耳众僧声。云雨风流事终后，梦闺私语笑慈明。"

一休78岁时，爱上了一个叫森的盲歌女。一休对此事曾有如下记述："侍者森，余闻其风采，已生向慕之志，然焉知之，故因循至今。辛卯之春，邂逅墨住，问以素志，则应诺矣。"熊熊欲火激发了花和尚一休的创作激情，写了一堆黄色诗歌，现辑录一首："美人云雨爱河深，楼子老禅楼上吟。我有抱持睫吻兴，竟无火聚舍身心。"

78岁的老人是怎样追到小他几十岁的歌女的？可能跟两人的名字有关：“一休”一个木，“森”三个木，木生火，四木相对，欲火熊熊。也可能是一休生于1394年，属狗，盲歌女森需要导盲犬，一求，就答应了。

此后，一休大和尚的行径愈加惊世骇俗，他在诗集《狂云集》中公开说自己“淫酒淫色亦淫诗”，对这位大彻大悟的高僧而言，能做到“酒肉穿肠过，佛祖心中留”即可。于是15世纪日本的风月场所照明情况改善，他到哪里哪里亮。虽然一休是光头，但他的名言却是：“我不在洗头房，就在去洗头房的道上。”后世为纪念他，将他去找女人时常走的那条道命名为“一休道”，后来讹传成了“一本道”，这是后话了。

“大清国第一外教”庄士敦

据李慎之回忆，钱锺书在英国牛津大学读书时，曾被一位教授温和地指出其论文引据不全，又不是原始出典，钱锺书深受刺激，从此重视博闻强记。这位指导教授正是溥仪的私人英语教师、苏格兰人庄士敦。据此说法，溥仪和钱锺书应该师出同门，只是两人学术做派小有分歧：大师兄躲在紫禁城里不想出来，城外的师弟也没想进去。

如果没有1924年冯玉祥“北京政变”围城逼宫，溥仪远走满洲，庄士敦黯然回国，也就没有上面这段文坛佳话了。不过据就职于英国伦敦大学东方学院的赵毅衡先生考辨，这段杏坛轶事是不存在的：其一，庄士敦回到英国之后，就职于伦敦大学东方学院，而钱锺书就读于牛津大学，庄先生不可能越俎代庖跨校指导钱锺书。其二，钱锺书1935年9月到1937年6月在牛津大学攻读英国文学，而从1935年下半年开始，庄士敦一直在亚洲游历，两人要见面的话，只能在1937年。那时溥仪做了满洲皇帝，国内学者骂声一片，竭力维护溥仪的庄士敦开始讨厌中国知识分子，不会对还是学生的钱锺书青眼相加。其三，庄士敦深得“因材施教”

的教学理论真谛，不可能和风细雨地指导钱锺书。他在皇帝面前是老师，善慈致细，在平民面前则是驾校老师，非打即骂。

1931年，庄士敦应聘到伦敦大学东方学院任教。对庄士敦而言，他需要学院给予的薪金和教授身份，学院则希望庄先生除教学之外，能够以其在中国积攒的名望和人脉，构建中英两国文化交流的桥梁。然而，他们请来的却是一个只收钱不出货的报废售货机。

“生南为橘，生北则为枳”的庄老师对英国的教育环境非常水土不服，没有丝毫兴趣工作。授课时，庄老师脾气臭得像王致和，一言不合就开骂。抑或讲课讲到一半，庄老师突然就消失了。庄老师在课堂上，除了与学生大谈和溥仪的关系时精神抖擞，其余时间哈欠不断，学生被传染也都张着大嘴，东方学院就很像口腔医院。

后来庄士敦索性将工作转包出去，请人代课，自己连课堂也不去了。令学院愤慨的是，他私下雇聘的代课教师，正是与他竞岗失败的前传教士爱德华兹女士。聘请好临时工的庄子士敦在家睡得昏天黑地，也不知会不会梦到化蝶。

庄士敦认为学院就是他的养老院，为了使学院加深这种认识，他竟然模仿痴呆老人无故走失。布里斯托大学历史系教授Bickers说，庄士敦经常莫名其妙地在大学里消失，某次学期中突然消失，久久不出现。校方担心他的安全，只能在《泰晤士报》

刊登寻人广告，才把他找回来。据说，学院三番五次寻人之后，启事形成通稿，其中必有“先打断腿，再与我院联系”一句。

伦敦大学东方学院的愤懑与无奈是可以理解的。学院之所以聘请庄士敦，很重要的原因是希望通过他的交际圈可以为学院带来资金和生源。庄士敦和中国富商确有交往，也熟识中国学者文人。然而，让学院大失所望的是，因为中国文化界攻击溥仪，庄士敦将中国文人全部拉黑，游说点赞之交的富豪给学校捐钱，结果分文未获。

卷入中国现代进程重大政治文化事件，见惯大人物、大场面、大事件的庄士敦，屈尊于伦敦大学东方学院，势必出现强烈的情绪波动和行为冲突，这种心理障碍被命名为“老干部离退休综合征”，只能主动适应角色改变调整角色行为，强行自我格式化。然而，庄先生选择的是我行我素、一意孤行。

终于，1935年，被激怒的同事发动“政变”，要将庄士敦逐出伦敦大学东方学院。不过，庄士敦的运气比溥仪好，恰此时，他的作品《紫禁城的黄昏》出版并引起轰动，风头一时无两，他就职的伦敦大学东方学院也因此名噪一时。结果不但“政变”未遂，学院还与庄士敦续签了三年合约。

续约后的庄士敦得寸进尺，立即请假半年，说“满洲国大皇帝”溥仪先生邀请他去长春叙旧，自信地炫耀说学院要找他不用登报，写信即可，地址写“满洲新京皇宫大内长官转”。学院担心信件转交的稳妥性，庄士敦回答说，东方古国有句名言叫“是中国人就转”，肯定能收到。

早在1924年年底，庄士敦便怂恿出宫的溥仪去西方留学或建立流亡政府。庄士敦一直念念不忘这个流产计划，1935年的远东之行只差一点便让溥仪实现了这一计划，不过目的地不是西方，是西天。

庄士敦在长春与溥仪见面的同时，还会晤了日本宣传机构官员，促成了《紫禁城的黄昏》一书日文版的发行。在该书日文版中的“龙归故里”一章，庄士敦将溥仪与日本军方的私密聊天记录公之于天下。这个无心之举导致十年后溥仪在远东国际军事法庭上差点被判绞刑，急得辩解：“此人胡写书，急着卖几个钱。”

在坑学生领域，无论中、英，庄老师确实做到了有教无类、一视同仁。

然而，《紫禁城的黄昏》一书的出版带给庄士敦的好处是实实在在的。他因此书保全了教授职位，又从稿费中拿出1600英镑，购买了位于苏格兰西部克雷格尼希湖中的一座小岛。

这座小岛本来朴实无华，但在庄士敦的设计下变得个性另类。他先在岛上建了一座东方小庙，并在花园里摆放中式雕像。又将中式风格装饰的别墅房间命名为“皇帝厅”“威海卫厅”“松竹厅”等，陈列溥仪送给他的古玩、书画、瓷器等物品，墙上则挂着溥仪赏赐给他的官服。每逢年节，他在门口升起伪满洲国旗，穿上大清国一品官员服饰，在这座绝佳的清宫戏外景拍摄地呼朋唤友。

稍遗憾的是，这座小岛名称没有中国化，若改名Fishing，“Fishing岛是中国的”！来访的宾客势必会响起雷鸣般的掌声，拍到他1938年去世还余音绕梁。

音乐大师“华少”

故事开始于1893年8月17日。这天，一个孩子出生在无锡雷尊殿旁的“一和山房”。孩子的父亲是雷尊殿的大主持华清和道士，母亲则是无锡名门秦家的寡妇吴氏。

吴氏与华清和道士私通生下这个孩子后不久就去世了，华道士只好将孩子送去东亭老家由亲戚抚养。亲戚问：“孩子是谁的？”华道士答非所问，说：“孩子是无辜的。”偏偏无锡城真有个叫吴孤的人，亲戚就感慨：“吴孤太能生了，隔壁村也有三个没结婚的女人说孩子是吴孤的。”

吴孤名下私生子的命运一般都很悲凉，与父亲无缘一见，但这个私生子很幸运，八年之后被接回了正牌父亲华道士身边。不过，华道士很扭捏，对内对外都不说这个孩子是自己的，只说新招了个小徒弟。于是无锡版玄慈和虚竹、段延庆和段誉的故事开始上演了。

华道士自号“雪梅”，精通各种乐器，有一支专门做法事的演奏队，华家小少爷就在这个乐队里学习演奏。这孩子音乐天分极高，不久便出师了，十几岁已是无锡城首屈一指的小天师，道家音乐“六场通透”，笛、箫、笙、唢呐、琵琶、三弦、京胡、二胡、高胡、板胡、锣、镗、鼓、板锣无一不会，尤其琵琶弹奏功力相当了得。华少有咬指甲的坏习惯，弹琵琶时又不戴铜指甲，因此琵琶的音色特别厚润。据欣赏过华少演奏的人回忆说，他弹琵琶弹得霸道，造型更霸道，刘备摔孩子、敦煌飞天、劲霸男装的既视感，“忽儿将琵琶托在头顶，把伸得弯弯的手倒着弹，忽儿将琵琶斜在背后，手扣到背后反着弹”。

本以为华少是一颗冉冉升起的音乐之星，不料却是发射失败的卫星，半空解体了。原因很简单，华道士因病去世，死前将真相告诉了华少。痛说革命家史当然要用《红灯记》唱腔：“虚竹!你师父不是你师父，你爹也不是你亲爹，你师父才是你亲爹！”华道士说完，死了。华道士表演完《红灯记》，华少跟着就去了红灯区，无锡虚竹摇身变为天地会香主韦小宝。崩溃的华少认为自己受了十几年的愚弄和委屈，接手雷尊殿的主持工作后，开始报复童年，具体做法参照韦小宝的五字真经：吃、喝、嫖、赌、抽。

曾与华少为邻的尤武忠道长回忆说：“一季香汛的收入如果正常开支，可以应付两年的生活，但都被他一下子吃光了。”华少“早饭吃不吃无所谓，起来后就吃茶、吃鸦片”，烟瘾发作时，“鸦片枪里的灰都被吃得干干净净”。

小宝版华少的生活很有规律，早晨抽鸦片，下午去赌场，晚上则去妓院嫖娼。其后果是天地会香主韦小宝摇身变为五毒教教主何铁手。华少百毒侵身，瑞星小狮子根本没时间打呼噜，杀毒仿佛杀鸭子，“嘎嘎嘎”叫个不停，夜以继日地杀毒也杀不干净。

一天，华少突然梅毒发作，因此失明了。五毒教教主何铁手摇身变为“江南七怪”中的柯镇恶，只是多了一副眼镜。梅毒将昔日的英俊少年摧残到凶相毕露，小时候住阿炳家不远的文物专家钱宗奎形容华少长相时说：“如果从侧面看，就会发现墨镜后面的眼窝深陷，看不见眼珠，整个头部像一个骷髅。”可以说，除了照镜子，我还没见过这么恐怖的长相。

雷尊殿的田产很快便被华少败得一干二净，本以为华少会由柯镇恶摇身变为丐帮帮主洪七公，然而并没有，他变成了衡山派掌门人，胡琴大师莫大先生。白云苍狗，世事无常，这一番堕落和磨难，竟阴差阳错地锻造出一位音乐大师。无餐可食、无路可走的华少拾起其父华道士留下的二胡，行走江湖、沿街卖唱去了。这一唱，惊天动地，这一唱，惊神泣鬼，这一唱，卫星重新升空，音乐大师轰然出世了！

音乐是无国界的，听过华少演奏的人无不被深深地震撼，华少的演奏甚至还感染了侵略者。民国记者华钰麟说，华少常年在无锡城外的通运路和北塘一带旅社卖艺。一般要工作到晚上十点左右才能回家，而此时城门已经关闭，出入必须持日本宪兵队发出的特别通告证才得通行。但华少是个特例，守门的日本兵听到华少的琴声，就会拉开一道缝隙让他进城，只为了欣赏一段他的演奏。日本兵每次听完华少的演奏后，都赞不绝口，建议他去灌唱片，一定会亚洲大卖，亚卖碟。

本以为这是戏言，不料1950年华少竟真的灌录了唱碟。这年9月，中央音乐学院的杨荫浏教授无意中听到有人演奏华少创作的作品后，专程赶到无锡，用刚从国外进口的最先进的钢丝录音机收录了华少亲自演奏的六首作品，分别是《大浪淘沙》《龙船》《昭君出塞》《听松》《寒春风曲》和《二泉映月》。没错，华少就是著名的民间音乐家华彦钧，人称“瞎子阿炳”。

至此，补充一点阿炳大师的八卦。大师必须是有个性的，父亲是阿炳隔房师兄的华寅生道人回忆说，阿炳的个性体现在脾气上，大师的脾气相当不好，吵他睡觉，骂！不给喝酒，骂！不给赊账，骂！他可以找别人赊账，但别人听他拉二胡却不可以赊账，并且钱给少了还不行，文物专家钱宗奎回忆说：“如果不满意，认为钱太少，不够吃饭吃大烟，阿炳就会发脾气、骂人，阿炳声音高得很，一定要围观的人再凑钱。”

阿炳的骂人本领出神入化，“中国好舌头”华少的战力大家都知道，一秒能说7.44个字，“无锡好舌头”华少不但速度能与其媲美，更劲霸的是还有伴奏音乐。阿炳开始要钱时，拉简谱的“123”，意思是“多来米”；“米”如果不“多来”，阿炳就把顺序调换成“来多米”，大家都明白，这是“213”，骂人“2B”了；再不给钱，直接换成丧乐，连拉带骂，不走音不乱码，大珠小珠落玉盘，铿锵有力。

阿炳大师的点歌单更有个性，有二胡曲上百个，琵琶曲二三十个。大师的要价不低，拉一首二胡曲收费两毛，琵琶曲稍贵。最贵是连拉带唱，要五毛，此类曲目大约有五十多种，无一首不黄，曲谱里全是“33-33-33”，也就是“咪咪—咪咪—咪咪”，其中就有闻名遐迩的《十八摸》。

最后，说一下阿炳大师的代表作《二泉映月》。1950年这首曲子录制完成后，杨荫浏教授问曲子的名字，阿炳说没名字。杨教授说想一个，阿炳说那就叫《二泉印月》吧。教授说“印月”跟广东话“音乐”重了，要不叫“映月”，无锡有映山湖嘛。阿炳说，好，你的学问大，就听你的。

阿炳之所以说这首曲子没名字，是因为不好意思。采访过大师遗孀的作家陆文夫说，《二泉映月》并非阿炳原创，而是二次加工，本曲源出于风月场中调情时唱的淫曲《知心客》。

故事黑色得像大师的眼镜。

行为皆艺术

永和九年的酒

晋永和九年（353）三月初三是值得大书特书的一天。是日，右将军令稽内史王羲之举办了一场群贤毕至、少长咸集的雅集。王羲之趁着醉意，将唱和的诗赋辑集并作序，这篇序，便是照耀千年文化史，被誉为“天下第一行书”的《兰亭序》。

这次聚会对亚洲文学和书法的影响无需赘言，这儿要说的是其对餐饮的影响。因为这次聚会的形式很奇怪，一众人坐在水边，随波漂来一杯杯酒，宾客各取所需，谓“曲水流觞”，后来这种餐饮形式传到了日本，“回转寿司”由此横空出世。

严格意义上说，这种餐饮形式的发明人并不是王羲之，而是三个女孩。故事见载于《晋书·束皙传》，晋武帝曾问挚虞“曲水流觞”的来由，挚虞答曰：“汉章帝时，平原的徐肇在三月生了三个女孩，到了初三都死了，村里人感到奇怪，便相邀同行到水滨去沐浴除灾，并在水边饮酒，其义从此兴起。”晋武帝听说初三死了三个女孩，很痛心，下令降低重点高中的录取分数线……这当然是扯淡。

据当时打断挚虞胡说八道的大文学家束皙解释，这一习俗从西周时代便已开始，“昔周公成洛邑，因流水以泛酒”，当年周公建成洛邑后，在流水上漂浮酒杯饮酒庆贺，此俗由此诞生，到了汉晋时代，成为全民的郊游节目。“蒹葭苍苍，白露为霜。有二锅头，在水一方。”

永和九年这次聚会的地点，是环境极其优雅的会稽山兰亭。兰亭来历有典故，传说是当年越王勾践为欣赏山里的兰花所建。王羲之将聚会地点选在这里，盖因此地为其辖地，喝多了可以随便吐，苦胆吐出来最好，可以祭祀勾践。

关于这次聚会的饮品，史料没有记载，作为贵族的王羲之宴客用酒不会差，个人推断应该是黄酒的前身，当时的国宴用酒“酃渌酒”。《荆州记》曰：“酃湖，周回三里，取湖水为酒，酒极甘美。”到晋朝，此酒成了皇家指定用酒。这次聚会除了有酃渌酒或许还有葡萄酒。魏晋时代，葡萄酒也是皇家用酒，魏文帝曹丕尤其喜爱，他在《与群臣诏》中写道：“酿以为酒，甘于鞠蘖，善醉而易醒。”因魏文帝提倡和推广，葡萄酒成为魏晋时期王公大巨、社会名流筵席上必备的饮品。此外，根据这次聚会的举办时间推断，饮品除了酒还有豆浆，“永和”嘛。

虽然是在兰花丛中喝花酒，但出席宴会的却是清一色的男人。王羲之的儿子玄之、凝之、徽之、献之……几乎全部到位，嘉宾也都是最高阶层的权贵，有谢安、谢万、郗昙、华茂、庾友、虞说、魏滂、谢绎、庾蕴、孙嗣等，共计42人。

有别于一般群众，由上游漂来的“觞”到了这些人面前，取来后是要作诗的，一觞一咏，畅叙幽情。“觞”是古代饮酒器皿，根据1958年陕西耀县柳林背阴村出土的高2.7厘米，口径11.6厘米的“双鱼纹羽觞”计量，一觞相当于现在的二两半。

较之一觞一咏，作不出诗更惨，要罚酒三觥。“觥”的容量要大出很多，上海博物馆所藏的“父乙觥”容积大约600毫升，相当于一瓶啤酒。魏晋时期虽然全是低度酒，但连喝三觥压力也是很大的。若杯上写有“再来一瓶”，可能真的会吐出苦胆便宜了勾践。

盘点这场旷世雅集，实际并没有喝多少酒。根据《韵语阳秋》一书记载，“羲之、谢安、谢万、孙绰、孙统、王彬之、凝之、肃之、徽之、徐丰之、袁峤之十有一人，四言五言诗各一首。王丰之、元之、蕴之、涣之、郗昙、华茂、庾友、虞说、魏滂、谢绎、庾蕴、孙嗣、曹茂之、曹华、桓伟十有五人，或四言，或五言，各一首。王献之、谢瑰、卞迪、卓旄、羊模、孔炽、刘密、虞谷、劳夷、后绵、华耆、谢藤、任凝、吕系、吕本、曹礼十有六人，诗各不成，罚酒三觥”。按照“一觞一咏，无诗三觥”的规则计算，42人喝了约67斤酒。虽然当年酒的度数不高，但根据《世说新语》的记载，参加宴会的来宾酒量都不怎么样，于是个个小脸喝得通红，继而转黄，最后喝到满脸铁青，如同交通灯。

当然，这场雅集最重要的收获是诗，聚会结束时，42人成诗

37首，收录于《兰亭集》中。由于篇幅有限，本文只辑录主办方代表王羲之的诗作，有四言诗、五言诗各一首。

四言诗：

代谢鳞次，忽然以周。
欣此暮春，和气载柔。
咏彼舞雩，异世同流。
乃携齐契，散怀一丘。

五言诗倒是言简意赅：

服务员，买单。

“卫生标兵”米芾

《红楼梦》第四十一回中，刘姥姥在栊翠庵驴饮后，“只见道婆收了上面茶盏来，妙玉忙命：‘将那成窑的茶杯别收了，搁在外头去罢。’宝玉会意，知为刘姥姥吃了，他嫌脏不要了”。看到这段时，笔者觉得有洁癖的妙玉，原型大概是宋朝四大书法家“苏黄米蔡”中的米芾，而且米芾的洁癖甚至比妙玉还要夸张。刘姥姥走后，宝玉“叫几个小幺儿来河里打几桶水来洗地”，换作米芾，估计要炸开河堤放水冲了大观园。确实如此，米芾家的水表和电风扇谁也分不清，都转得风驰电掣。

艺术家给世人的印象，多是不修边幅、蓬头垢面、落拓不羁的，然而米芾是其中的异数，他爱干净的名声甚至惊动了皇帝。据宋高宗赵构御撰的《思陵翰墨志》载：“世传米芾有洁疾，初未详其然，后得芾一帖云：‘朝靴偶为他人所持，心甚恶之，因屡洗，遂损不可穿。’以此得洁之理。”就因为同僚错拿了他的朝靴，米洁癖回家后愣是把朝靴刷破成人字拖才罢休。关于他的个人卫生先进事迹，笔记小说中的记载更是如恒河沙数。

米芾爱干净到有些病态，只要拿过东西，马上就把手洗一遍。他家的仆人都是从送水公司跳槽来的，因为无论走到哪里，都得扛着一桶水，随时准备着伺候。宋人张知甫《可书》载：“米元章有洁癖，屋宇器具，时一涤之。以银为斗，置长柄，俾奴仆执以盥手，呼为水斗。”米芾洗手也奇怪，嫌放在盆里的水不干净，命人用一把银斗倒水，他就着流水洗，洗完后也不用毛巾擦，如晨练时甩手的老娘们一样拍打，直到晾干。至于衣物，“居常巾帽少有尘，则浣之，复加于项”，更甚的是“客去必涤其坐榻”。这种怪诞的做派导致米芾没什么朋友，米家门可罗雀，只有自备轮椅的霍金敢上门。

《翰墨志》和《鸡肋编》等书记载了米芾更加过火的行径。除了开罪朋友，他因为洁癖连帝国礼法也不顾了。米洁癖任太常博士，主持朝廷祭祀活动时要穿祭服，这种礼服大概是公用的，古语云“兄弟是手足，老婆是衣服”，老婆和衣服当然不能共用，米芾于是疯狂大清洗，以致把衣服的纹饰图样刷掉。这次衣服刷破的事件闹得很大，皇帝大怒，米芾因此竟被降职了。

米芾更怪异的表现见载于《两般秋雨盦随笔》一书中。米芾给女儿择婿，遇见建康（今南京）的段拂，段拂字去尘，他说：“既拂矣，又去尘，真吾婿也。”因为段拂名字起得干净，竟以女妻之。按揭艺术家行笔至此，不由遐想，姑爷名叫段去尘，他会不会一高兴，把姑娘的名字改成“吸尘器”？

整个北宋朝野都知道米芾近乎变态的洁癖。世人谣传，米芾家里的东西只要掉在地上，就不要了。又说当年阿斗幸亏生在刘备家，若生在米家，摔完肯定被扫地出门，成为流浪儿。作为个人卫生标兵的米芾，照片闪耀在光荣榜顶端，万众仰望。

木秀于林，风必摧之，不厚道的拆台者出现，《鸡肋编》的作者庄绰就对米芾很不客气。庄绰的爹与米芾交谊深厚，深知米芾的底细，庄绰说，米芾所谓洁癖，纯粹为自我包装，惊世邀名，并拿出了证据：米芾做涟水军使时，庄绰的父亲是漕运使，官比米芾大，每次传递阅看公文，从未见过米芾洗手，但庄绰的兄弟来拜访米芾，刚刚递上名片，米芾就嫌脏，嚷嚷着要肥皂洗手。可见，米芾会见的官越小洗手越勤，如遇民夫村氓，就像趴在水上的苍蝇一样，双手整日搓个不停。

可能觉得上面的故事属于孤证，不够有说服力，于是庄绰在《鸡肋编》中又举了一例：宋朝宗室华源郡王赵仲御某次大宴宾客，在厅堂专设一几榻，让米芾一个人吃。安顿好米芾后，赵仲御叫来一堆靓女奉侍其他宾客。花酒喝到杯盘狼藉时，大家醉眼蒙眬发现，米洁癖不知什么时候凑到这桌来了，也不嫌脏了，搂着小姑娘聊天，唾沫星子满天飞，阳光一照，都出彩虹了，“乃知洁疾非天性也”。

最后，想起了本文开头提到的妙玉。若妙玉和米芾相遇，情形会怎样？估计会造成全国大旱。若是二人喜结连理，则会带来更大的灾难：地球无水，成为一枚沟壑密布的大核桃。

“米癫”奇径异行录

宋四家“苏黄米蔡”中米芾的洁癖，可谓奇痴怪癖、我执我见。作为北宋知名的怪咖艺术家，米芾的奇诡言谈远不止于此。《宋史》说米芾“所为谲异，时有可传笑者”，故世人称其为“米癫”。据《何氏语林》一书记载，苏轼在维扬，某次召客聚饮，米芾也在场。喝到半酣，米芾忽然问苏轼：“世人皆以芾为颠，愿质之子瞻。”大意是：“群众都说我是疯子，苏先生你怎么看？”苏先生笑答：“我就是群众。”

神经兮兮的米芾是个很有趣的艺术家，其生平奇径异行令人捧腹。

米芾不但是书画艺术家，也是服装设计师。据《何氏语林》一书记载：“元祐中，米元章居京师，被服怪异，戴高檐帽。”米芾最著名的时装作品是他的帽子，其特色就是高得不像话，高到坐轿子时为顶盖所碍，身体必须窝着。老米当了几天老虾米后觉得很难受，于是“露帽而坐”，干脆把轿子顶棚拆了，改成了敞篷车。这个画面是很有趣的：轿子是方形的，上面露出高帽子，就是“凸”字，越看越像安全套。

米芾的无厘头举止不止于此，他非常喜欢把玩异石，搜集怪石到了痴迷之态，遇见极品怪石便下跪拜祭。李东阳《怀麓堂集》有句：“南州怪石如奇士，士有好奇心欲醉。平生两膝不识地，石也受之无愧色。”说的就是“米癫拜石”的故事。《宋史•米芾传》亦载：“无为州治有巨石，状奇丑，芾见大喜曰：‘此足以当吾拜！’具衣冠拜之，呼之为兄。”米芾见到大石头就喊大哥，后世将大砖头称为“大哥大”，大约受此启发。

米芾除了喜欢搜集石头，更爱收藏字画。《宋史》说米芾“遇古器物书画则极力求取，必得乃已”，只要他看上的字画就别想跑。米芾是北宋有名的文化抢劫犯，他收藏字画的手段是“一骗二抢”。

先说“骗”。据《韵语阳秋》一书记载，米芾“从人借古本自临榻（拓），临竟，并与临本真本还其家，令自择其一，而其家不能辨也。以此得人古书画甚多”。米芾书画奇绝，造假功夫更是了得，借来的画能够临摹到毫厘不差，就连“纸素破污，皆能为之”，产出的赝品可以乱真，一个是猕猴，一个是六耳猕猴，世人分不清真假。

再说“抢”。《尧山堂外纪》一书记载了一个米芾的故事：“米元章在真州，尝谒蔡攸于舟中。攸出右军《王略帖》示之，元章惊叹，求以他画易之。攸有难色，元章曰：‘公若不见从，某不复生，即投此江死矣。’因大呼，据船舷欲堕，攸遂与之。”米芾看上的字画，别人若不给，他便以死相逼。苏轼因此写下两句诗笑话米芾：“巧偷豪夺古来有，一笑谁似痴虎头。”这就是成语“巧取豪夺”的由来，米芾这个流氓活生生抢出一个成语。

别人拿米芾的“巧取豪夺”没办法，这都不算什么，可米芾什么都不管不顾，甚至连皇帝的东西都敢抢。《春渚纪闻》一书记载，宋徽宗叫米芾进宫写字，米芾对徽宗的砚台是越看越喜欢，写完后，即捧砚跪请：“此研（砚）经臣芾濡染，不堪复以进御，取进止。”宋徽宗比蔡攸敞亮多了，丢块砚台相当于丢块肥皂，“大笑，因以赐之”。

出来混迟早是要还的，因为还得过于搞笑，《古今笑史》一书特意记录了米芾某次遭报应的逸事。“周仁熟与米芾交契。一日，芾言得一砚，非世间物”，周仁熟很坏，故意刺激他，说你收藏假货太多，米芾被激，拿出砚台给周仁熟看。周仁熟知道米芾有洁癖，问：“砚台发墨怎么样？”米芾命人取水，周仁熟说，何必何必，对着砚台吐了口唾沫！米芾当场崩溃，不要了！“周遂取归”。此后，周仁熟想要东西就去米家转悠，如果不是因为房产证过户麻烦，肯定对着米宅吐唾沫。

神经兮兮的米芾因晚年学禅，还有了些神通。《句曲外史集》一书记载，米芾的死也很另类，因为“疡生于首”，也就是脑袋上长了个脓包，他推断自己是要死了。死前一个月，米芾就安排后事，“作亲友别书，尽焚其所好书画奇物”，先跟亲友群发告别短信，又说死那段时间阎王大阅兵不让快递，提前把所藏字画烧了发过去。接下来，米芾“预置一棺，坐卧饮食其中”。鉴于棺材太像浴缸，家人建议放点水进去，没准能像阿基米德一样悟出浮力原理。米芾没同意，就这样坐在棺材里，活体再现名画《马拉之死》。

辞世之日，米芾将亲戚朋友全请来，念了一首《临化偈》：“众香国中来，众香国中去。人欲识去来，去来事如许。天下老和尚，错入轮回路。”随即合掌而逝，奇径异行的一代怪咖就此西去。

“非典型残疾”祝枝山

我家前院的浩哥手里攥着个秘密：他左手大拇指有两个指头，看上去像个“丫”字。这个多出的指头让他的童年既敏感又自卑，掩饰的办法就是将大拇指紧紧地攥在拳头里，左手紧握天长地久的拳头，右手舒展海枯石烂的手掌，二分之一的哆啦A梦在“石头，剪刀，布”大战中屡战屡败。

“非典型残疾”的祝允明也是如此。但对待这个多出来的指头，祝才子不论做派和手法都与浩哥背道而驰。《明史》记载“允明生而枝指，故自号枝山，又号枝指生”，这是不以为耻反以为荣，悍然向世界宣布自己天赋异禀。

“江南四大才子”之一的祝枝山确实不同凡响，其墓志铭说他“少颖敏，五岁作径尺字”，大概是六指握笔稳，所以一尺见方的大字写得好极了。小山最擅长也最喜好在墙上写“拆”字，特别是外边那个圈，圆得像星巴克logo。但写完要马上看，不然作品转瞬即逝。

自古文人相轻，但“江南四大才子”之间的关系不错，据《明史•文徵明传》记载，文徵明“与祝允明、唐寅、徐祯卿辈相切劘”。唐伯虎与文徵明更亲近，因为两人同年出生，没有代沟。小虎和小明经常互通情书，小虎在《与文徵明书》中，将自己心底脆弱的、需要抚慰的情感倾诉得淋漓尽致。小山虽属龙，但成语有云，三人成虎，所以祝、唐、文三人除了是“江南四大才子”成员外，还组成明朝小虎队，愉快地玩耍。

小山对小虎的关爱更多一些。小虎27岁还没考取功名，在小山的规劝下才用心读书，转年中举，成为“唐解元”。但小山自己的学业却迷迷糊糊，33岁才中举人，中举后前途也就结束了。

祝枝山“文章有奇气，当筵疾书，思若涌泉。尤工书法，名动海内”。祝枝山本以为进京考试，高第进士易如反掌，谁知七试礼部都没有成功。小山读了30多年书，就是不近视——一辈子不进士，然后开始游戏人生、浪荡江湖。

在古代，如果文笔好、书法好，就算学习成绩不好也饿不着，至少还可以给人写悼词，祝枝山就是走的这条路。查葛鸿祯所编《祝允明年表》，小山一辈子足足写了37篇墓志铭。属龙的祝老师服务一条龙，全套的：自己负责悼词，遗像给唐伯虎画，哀乐也不外包，《明史•祝允明传》说祝枝山“善新声”，可以代哭丧，伴奏更厉害，吉他六根弦一手掌握。

小山工作积极认真，死者家属情绪很稳定，很满意。只是后续工作有时会出现小失误，下了葬刚竖好墓碑，坟被扒了。原因前面说过，祝枝山最擅长写“拆”字。

在明朝，只要取得举人功名，便有机会分配工作。祝枝山的殡葬服务事业做到56岁时，意外中奖了，这年他被委任为广东兴宁县令。新官上任三把火，祝先生还没点火，黑社会先帮他烧了，据《祝先生墓志铭》记载，“群盗窜处山谷，时出焚敚”，祝老师辣手摧黑，“为设方略，一旦捕得三十余辈，邑以无警”。

《兴宁县志》载，兴宁自古工商业发达，有“无兴不成市”之说，但此地几乎没有日货，特别是三菱，估计是祝老师捉这30人的后遗症。鉴于广东话“三十”的发音与Samsung很接近，大概韩国货也不敢在这里开拓市场。

祝枝山做官的日子并不太长，厌倦官场倾轧的他不久便辞职回乡，声色犬马、花天酒地，很快便入不敷出、捉襟见肘。中国文化界将祝枝山的身份定义为文学家、书画家，但最准确的定义听起来很萌：败败家。祝先生“有所入，辄召客豪饮，费尽乃已，或分与持去，不留一钱”，且嗜赌如命。祝枝山出门的排场超级大，身后总有一群人跟着，全是要账的，“追呼索逋者相随于后，允明益自喜”，反正就是不还钱，于是祝枝山溜到哪，一群人就跟到哪。祝先生一副导游做派，只差手里拿个指引旗。

1527年，祝枝山终于在前呼后拥中去世了。祝枝山一生与

“六”有缘：六指；活了66岁；好朋友是“六如居士”唐伯虎；他和文徵明同月同日生，都生于十二月初六；他死后，给他写墓志铭的叫“陆”粲，铭文开篇先写明死因——祝枝山没有在6天内把某条微信转发给66个好友。

“国产凡·高”自杀档案

中国制造的凡·高就是明朝才子徐渭，人称徐文长。将徐渭比喻成凡·高不牵强，因为两人的人生际遇有着惊人的相似。他们都是具有革命性突破的天才画家；都是生前潦倒落魄，死后闻名遐迩；都是文字辈：一个叫“文森特”，一个叫“文长”；寿命也很像，镜像：一个37岁，一个73岁；最重要的是祖籍都是“河南”：《秀巷徐氏宗谱》说徐渭上祖是宋神宗元丰年间进士徐处仁，此人是应天谷熟（今商丘东南）人，也就是河南人，而凡·高出生于荷兰津德尔特。

更相似的是，凡·高与徐渭两人都曾精神失常，热衷于自杀。资料记载凡·高曾三次自杀，最后一次终于在麦田成功。而徐渭的自杀次数更是多达九次，徐渭在《感九诗》中回忆：“九死辄九生，丝断复丝续。”他还在《读余生子传》一文中自述说：“前年逆有阴变起而九自裁，死与葛子同。幸而九不死，生与葛子同也。”

九死一生徐先生的人生充满失败感，求死不得，求职亦不得。自嘉靖二十二年（1543）始，直至嘉靖四十三年（1564）因事而废，20多年间徐先生不停地参加科举。第一次，不中；第二次，不中；第三次，不中；第四次，不中；第五次，不中；第六次，不中；第七次，不中；第八次，还！是！不！中！这人死心眼，何必一门心思执着地死磕？考不上北大清华，还有北大青鸟嘛；青鸟不行，还有蓝翔嘛。

嘉靖四十三年，徐渭的好朋友胡宗宪以“党严嵩及奸欺贪淫十大罪”被捕，随即于狱中自杀，作为胡党的徐渭自然脱不了干系。徐渭恐受牵连，精神高度紧张，心情抑郁，以致神经错乱而开始自杀。

徐渭自杀的位置则是由上而下、由外而内，三百六十度无死角操作。

徐渭第一次自杀时下手的位置是头，有画面有声音——袁宏道在《徐文长传》中说，徐渭“自持斧，击破其头，血流被面，头骨皆折，揉之有声”。

1888年，凡•高用剃刀割去一只耳朵送给了高更，以致此后只能戴隐形眼镜。无独有偶，1565年，徐渭第二次自杀，也对自己的耳朵下手了，徐渭的耳朵彻底报废，从此成了“余胃”。《徐文长传》记载，徐渭“以利锥锥其两耳，深入寸余，竟不得死”，《明史》则记载徐渭“引巨锥剚耳，深数寸”。徐渭自己对这次自戕的时间、地点、起因、过程、工具以及善后处理的记述更为详尽，他在自著的《畸谱》中说：“四十五岁，病易，丁剚其耳，冬稍瘳。”又在《海上生华氏序》中说：“予有激于时事，病瘈甚，苦有鬼神凭之者，走拔壁柱钉可三寸许，贯左耳窍中，颠于地，撞钉没耳窍。”由此可知，徐渭在45岁这年因被迫害妄想症发作，忽然孙悟空附体，拔下柱子上的铁钉，以存放金箍棒的方式将铁钉塞进耳朵里，扑倒在地以求一死。

如此凶残的自虐，徐渭竟然“不知痛”，只是后遗症比较恐怖，“逾数旬，疮血迸射，日数合，无三日不至者，越再月以斗计”。徐渭之所以不死，可能是因为扑倒在地时钉子转变了方向，或向前或向后扎偏的缘故。明朝的一尺合今31.1厘米，徐渭自残的钉子长约10厘米，若是常人，应该扎到鼻子的位置，入脑到这个深度，必死无疑。不过万事皆有例外，也许还有一种可能：徐渭脸宽。我的朋友高晓松脸特别大且特别宽，他必须用高尔夫球杆挖耳朵，不然不爽。若徐渭脸宽如高晓松，方向再正确也死不了。

徐渭第三次自杀不但有声有色，更有情怀——《明史》载，徐渭“以椎碎肾囊”，用老罗赞助的锤子猛击下体。

如果根据前述“九死辄九生，丝断复丝续”的说法，徐渭一共自杀九次，但他所说的“九”，应该是虚指，活够了、到极限的意思。关于徐渭自杀，有文字记载的只有上述三次，还有一次慢性自杀，就是绝食。徐渭在《与季子微》一文中说：“昨一病几死，病中复多异境，不食者五旬，而不饥不渴。”张汝霖《刻徐文长佚书序》的记载更加夸张，说徐渭“绝粒者十年许，挟一犬与居”，徐渭十年都没吃过东西，做他的狗最悲壮，连剩饭都没有。

1593年，徐渭大师如愿以偿在悲愤中故去，他死后却殊荣备至，粉丝无数，且质量奇高。齐白石乃徐渭之铁杆粉丝，曾说“青藤雪个远凡胎，缶老衰年别有才。我欲九泉为走狗，三家门下转轮来”，其中的“青藤”指的就是徐渭。齐白石倒是够聪明，怕饿着，做徐渭、朱耷和吴昌硕三家“走狗”，“一齐白食”。

“哭笑不得”的八大山人

事儿还是要从我家伪知识分子说起。伪知识分子就是我爹，他在青壮年时代是个标准的文艺青壮年，诗集画册买了一堆，其中有本画集很古怪，无论鸟还是鱼，眼珠子都瞪得跟贪官肚子一样圆滚滚，并且个个白眼朝天，一副自命不凡的样子。我当时特别喜欢咸蛋超人，由此知道了画家八大山人。记得在翻画集的时候，我随口问了下伪知识分子：“八大山人是不是住在八大胡同？”问过之后，家里的西洋人体画集我就再没见过了。

“八大山人”是画家朱耷的字号，他自己解释说：“八大者，四方四隅，皆我为大，而无大于我也。”听起来就非常狂妄。这可能跟朱耷的出身有关，他的上祖为朱元璋第十七子宁王朱权。

八大山人虽属明朝宗室，但生不逢时，他出生于天启六年（1626），成长到20岁，正当有能力为家国大展拳脚时，李自成把他的家国端了，“辛辛苦苦二十年，一下回到解放前”。人生计划被打乱的八大山人气呼呼地出家了，“弃家遁奉新山中，剃发为僧”。他的和尚事业做得不错，“不数年，竖拂称宗师，住山二十年，从学者常百余人”，成了当地宗教小头目，有100多名追随者。

八大山人的人生很吊诡，每当其事业稍见曙光时，总会被莫名其妙的外力打断。八大山人当了多年和尚后，他的老婆孩子突然都死了，就有人劝他再结婚，说：“无后，祖宗谁来祭祀？你不觉得羞愧吗？”八大山人的家庭观念很浓厚，因为这一席话，他决定还俗，蓄发娶娇妻，多生孩子多养朱。

不料，八大山人很快又改变主意再次出家，这一次不是当和尚，而是做了道士，“委黄冠，自号良月道人”。八大山人由和尚变身道士的原因不清楚，个人猜测他是收了生发剂厂家的广告费吧。

与很多生前潦倒死后显赫的画家不一样，八大山人从小就是名人，确实是可以做广告代言人的。他幼年时便是闻名乡里的神童，“颖异绝伦，八岁即能诗”，成年后更是名震江西，是和“滕阁高风，白鹿古洞，南浦归帆”齐名的著名人文风景。

行为怪诞是艺术家的重要标签，如果是大艺术家，行为不但要怪诞，还要疯癫。作为水墨写意画的巨擘，八大山人不负众望，不出所料地疯了。

康熙十七年（1678），八大山人在临川突发癫狂，“一夕，裂其浮屠服”，疯狂地撕扯自己的衣服，画面骇人，“独身倘佯市肆间，常戴布帽，曳长领袍，履穿踵决，拂袖翩跹行市中，儿随观哗笑，人莫识也”。声效更可怖，“初则伏地呜咽，已而仰天大笑，笑已，忽跿跔踊跃，叫号痛哭”，哭一会忽然大笑，笑一会忽然大哭，具备这种夸张的瞬间情绪切换能力的人，除了我女儿和他，目前还没找到第三位。

也就是这种冰火两极的状态，导致后人对他画作署名的误读。他在作画署名时常把“八大”和“山人”竖着连写，粘连在一起看，就像是“哭之”“笑之”，于是被解读成“哭笑不得”之意，以寄他国破家亡之痛。

这个解读虽然有趣，但有些武断。早期他用“八大山人”四字署款时根本不连缀，规规整整，根本看不出像“哭之笑之”，一直到了康熙三十三年（1694），这四字布局才开始变成连体婴儿。“八大山人”四字署款被解读成“哭之笑之”是世人臆测，他最初之意并非如此。这类误读很多，就像笔者的签名“张”字，写得潦草，说是“张”字也行，说是把“三又四分之十三”这组数字写出来，也行。

八大山人的癫狂行为一直到康熙十九年（1680）方告结束。停止哭闹的八大山人行事极端，忽一日在门口写了个“哑”字，从此不发一声，“对人不交一言”。邵长衡在《八大山人传》一书中说他某次与八大山人聊了一夜，八大山人确实只有动作没有声音，这让邵长衡觉得自己是在偷偷看毛片。八大山人虽无言，表达和沟通却没什么障碍，他的肢体语言纯熟到给个口哨就能上街指挥交通。

与人沟通靠手，娱乐也是靠手，八大山人最喜欢的游戏就是与人在酒席上划拳。场景也很有趣，赢了哑哑笑，输了用小粉拳捶赢家的后背，娇嗔又可爱，特别“卡哇伊”。

八大山人酒后的状态更是极具观赏性。他的酒量不大，“饮酒不能尽二升”，喝好就画画，绘画工具不拘泥于笔墨，有时用破扫帚烂毡帽蘸墨泼洒，根据随机而出的墨水纹路进行创作，点缀几笔便化腐朽为神奇，“或成山林，或成丘壑，花鸟竹石，无不入妙”。

八大山人进行艺术创作的速度很快，数十幅画片刻即成，“亦不甚爱惜”，大家随便拿。作为艺术家必须蔑视权贵，有钱人求画，他是不理睬的，“虽陈黄金百镒于前，勿顾也”。到后来，土大款买画反倒要从贫士、山僧、屠沽等贫下中农手中购置。这导致一群鸡贼小和尚为了赚零花钱，倒买倒卖他的画。“雏僧争嬲之索画，至牵袂捉衿，山人不拒也”，这帮混蛋找八大山人求画连酒都不买，拉扯着他的衣服纠缠索要，越拽人越多，像是表演儿歌《拔萝卜》。

行笔至此，越来越发觉八大山人和我曾写过的离经叛道的明朝画家徐文长很像，但我更喜欢写八大山人，因为八大山人名字的字数比徐文长多，容易骗稿费。八大山人的名字不算长，画家里名字最长的是这位：Pablo Diego José Santiago Francisco de Paula Juan Nepomuceno Crispiniano de los Remedios Cipriano de la Santísima Trinidad María Parisio Crito Ruiz y Blasco Picasso。此人即是毕加索。还想翻译成中文，数了下字数，好像够了。

“抠门大师”齐白石

齐白石最初的职业是木匠。他16岁时投师周之美门下学做雕花木匠，学得很有兴致，不仅学会了师父的平刀法，还通过自己的不断琢磨，改进了圆刀法。齐白石雕花手艺不错，但最终还是改了行。关于他的改行，家乡传闻说是因为齐木匠太挑活儿，别的雕花刻镂师傅见工即做，而他却挑三拣四，只会抠门。舆论的刺激让小齐木匠产生了强烈的逆反心理，他发誓一生钻研抠门绝技，成为大师。

齐白石用一生的行动贯彻了这一誓言。从少年到中年再到老年，齐白石的抠门技术越来越精，名声越来越大，举国上下无人不知、无人不晓。

齐白石的入室弟子娄师白在访谈中提及老师的节俭技术让人瞠目：老头腰间挂着一斤多重的一大串钥匙，值钱的东西当然锁得死死的，就连油和米也锁起来，每次做饭，他都亲自开锁，用香烟筒计量取米。如果不是因为时间关系，他甚至想一粒一粒数，生怕佣人偷吃。

1936年，齐白石去四川，娄师白替他管家。齐白石除了规定家人每天的菜金和日常开支外，全院的门窗箱柜一律贴上封条，为封得严实，贴成了“米”字，大师就是大师，中国假期能过出英伦风。

据娄师白回忆，齐大师确实异于常人，可一心二用，家人在旁择菜时，他边画画边斜眼盯着，骂：“这些还能吃，就扔了？”齐家南院长了很多稀烂贱的苋菜，娄师白把叶子黄的摘掉要扔，老头不让，拿指甲掐，掐得动的炒着吃。最过分的是，客人拿来的卤肉，包肉的大白菜叶子不扔，仔细抖干净，切碎，用盐腌上，送粥。齐家的餐桌上就没见过绿色，股民甚至想把齐家的餐桌搬到证券交易所当看板。

家里吃不好，出门吃更是妄想。娄师白幼年时与齐家小孩同校，齐家小孩上学时，车站小贩总在那儿叫卖，孩子就吵着要老头买零食，老头很生气，就对小贩说：“你们老围着我这儿转，我孩子吃了东西我可不给钱。”大师说得对，就应该白吃，“齐白食”嘛。

齐大师对内虽然节约，来了客人还是要讲究礼数的，这就不得不引出齐家那块震撼了整个中国文化圈的“白石糕”了。廖静文在回忆录《徐悲鸿一生》中说，她和徐悲鸿去拜访齐白石，大家十多年未见，齐白石很高兴，从腰带上取下著名的一斤钥匙打开柜子。这个柜子有点像俄罗斯套娃，打开一层门，还有一层门，再打开一层门，还有一层门，三重门过后，老头小心翼翼地端出一个碟子，上面放着著名的“白石糕”，请他俩吃。

这块著名的糕点大概只有铁齿铜牙纪晓岚能对付，其特色是既小又硬，吃起来就像是咬一元硬币。甭管好不好吃，都是招待客人的排场，只要来了客人它便会闪亮登场，张大千、李可染、黄苗子……他们都见过。

黄永玉在《比我老的老头》一书中形容这块糕点说：“我远远注视这久已闻名的点心，发现剖开的月饼内有细微的小东西在活动。剥开的花生也隐约见到闪动着的蛛网。这是老人的规矩，礼数上的过程，倒并不希望冒失的客人真正动起手来。天晓得那四分之一的月饼，是哪年哪月让馋嘴的冒失客人干掉的。”

我理所当然以为干掉它的是廖静文，后来发现新凤霞的回忆文章里也提到尝过这块“白石糕”，她吃的时候是有心理活动的：“这些点心大部分已经干了、硬了，有些点心上面已经发霉长毛了，可我们还是高兴地吃了一些，显然这些吃的东西他是轻易不给人吃的。”确实如此，齐白石的孙子齐可来回忆说，老人偶尔高兴，会把正在玩耍的孙辈叫过去，打开那个宝贝大柜子，从里面取出发霉的糕点给孩子们吃，老头在家说一不二，孙子不得不咬牙下咽。

大概是孙子吃完糕点后老头忘记了补货，黄苗子说，他有一次在齐家居然吃到了水果罐头！当时的情况稍特殊，黄苗子去齐家不是做客而是买画。面对采购商，齐大师非常大度地祭出了罐头，这让黄老板很有面子。不料黄老板付完画款刚要走时被老头叫住，大喝：“把罐头钱付了！”

比罐头更新鲜的是水果，老头的女儿齐良芷回忆说，确实有人在他家吃到过时令水果。这个可以写进家族史的大事件发生在1956年春，齐大师有天突然携子良迟、良已造访周恩来，周恩来请爷仨吃的是面，大师吃完后小声对儿子说：“把汤喝完，这是鸡汤。”儿子没喝，说早上在朋友圈灌了一肚子。饭后，周恩来送齐大师回家，齐大师让家人买了苹果回来。周恩来懂礼节，先削了一个递给齐大师，齐大师推却说客人先用，周恩来竟然不客气，真的吃起了苹果。齐大师看着周恩来一口一口咬苹果，心疼，肾更疼。

上述轶事发生时，齐白石已经名满天下了，其收入可谓日进斗金，莫说是招待客人一个苹果，就是两个，一狠心也是请得起的，但老头依然不忘初心，努力做一个有始有终的抠门大师。

除了通过抠门来节流，还要努力开源。齐白石开源的主要途径是卖画，他的业务特色是童叟无欺、六亲不认，讲究一手交钱一手交货，不赊账、不还价、不以物代钱。

1921年，齐白石从北京到长沙，遇老友索画，因为是多年故交，碍不过面子，便画了给他。第二年，齐白石再到长沙，这个朋友又来索画，齐大师无奈之下又给他画了，不过画好之后，齐大师在上面题写了一首诗：“去年相见因求画，今日相求又画鱼，致意故人李居士，题诗便是绝交书。”

谁也别想从齐大师这儿占便宜，齐良末说他父亲齐白石是这样对付鸡贼求画者的：“比如说画一个虾10块钱，举个例子啊，两个虾就是20块钱。人家说了，我没有那么多钱，只有15块钱，怎么办?他就这样了，那边画一只整虾，那上头再画一个虾脑袋半拉，15块。他就这样的，常常有。”其实这个收费标准已经不低了，娄师白说“那时两块钱一袋面粉吧”。

齐大师卖画是明码标价的，价目如下：“四尺12元，五尺18元，六尺24元，八尺30元，册页折扇每件6元”；“题上款者加10元”；“花卉加虫鸟，每只加10元，藤萝加蜜蜂，每只加20元”；“工笔贝叶草虫，每只照原笔单加三倍，大洋红之画另加价”。

虽然齐白石创作题材很广，画风不限，但有一条，不画没见过的东西。当然，也有一次例外，据藏于北京画院的齐白石手稿记载，某土豪非要齐白石画一条大龙，齐大师虽然没见过龙长啥样，但因为人家钱给得足，不赚可惜了，于是想了个招：先画一个花瓶，又在花瓶上画了一条龙。

齐大师的作品集里几乎看不到神话中的各种怪兽，除了只进不出的貔貅，那是他对着镜子的自画像。他也很少画人像，画起来费事不说，还经常遇见狡猾的双胞胎求画，周杰伦出一半，东尼大木出一半，画完拿出去轮流显摆。最可恨的一次是来了七个长得一模一样的，葫芦娃！

齐白石抠门守财确是事实，但他还是有原则的，绝不是唯利是图、见利忘义的人。据齐白石《癸卯日记》记载，1902年秋，翰林院编修夏午诒来信，请齐白石到西安教画，这期间大师就只为夏午诒画东西。齐大师在6月4日的日记中说，有一位求画者出十金索白石工笔中幅，被辞，又以四金索一美人条幅，亦被辞。老头在日记中写道："余为夏大知我偕来，重金轻情，非君子也。"

齐大师卖画从来都是明码标价，但也有例外的时候，这就是著名的"大白菜"事件。每到冬天，北京的街头就有人推车卖大白菜，齐大师某天一时兴起，拦住菜农说，愿意给他画一幅白菜，换他一车白菜。不料这菜农不解风情，怒斥大师假白菜换真白菜，搞商业欺诈。启功说齐大师这次大出血是效仿旧文人自造"佳话"，可惜夭折。据说老头夹着画回家时郁闷地说："真是有辱斯文！"大约菜农不恭敬，说了"好白菜不能让你拱了"之类的话吧。

艺术家的身上多少都有些怪癖，其处世待人的方式多与常人不同，思维方法、行事手段也不会循于常理，这和人生经历有关。齐大师虽然思想、情感和行为随时代推移不断发展变化，但乡村生活形成的诸多习性并未随着艺术上的成功而改变。从心理学角度分析，他缺乏最基本的安全感，从他对钱的处理方式上表现得最为突出。

对齐白石大师而言，日常开支是几乎没有的，收入却是应有尽有的。严重的收支不平衡让老头特别头疼，怎么存放这些钱？

据齐白石1919年《己未日记》记载，他的钱最初是存在好友杨度那儿的。杨度的折子上记："齐白石山人寄存款项于虎头陀室。约以周年八厘生息。随时可以取还。非濒生及其世兄子贞亲自取款，不得发与他人。他人得此折者，不足为据。虎头陀杨皙子批。"存在杨度那儿的钱，只有齐白石自己和大儿子才能提，有折有卡有密码都不好使，只能靠刷脸。杨度死后，齐白石就把钱放在竹篮里，攒够一篮存银行。后来怕通货膨胀，换成了金条，大师的钱从此变得愈加神秘难寻。

齐白石的小儿子齐良末回忆说，20世纪50年代，齐家房子坏了，周恩来批示维修，墙拆到一半工人打起来了，原来墙里发现了金条，老头突然想起墙下应该还藏有东西，赶紧决定不修了。

此后，齐白石认为把金条藏在墙里不够保险，只有越危险的地方才越安全，于是找了个木疙瘩，挖好洞塞进金条，扔院子犄角里，谁都不告诉。一天，有收破烂的过来，家人看木头挺碍事，给卖了……

痛定思痛，齐白石最后把钱换成60根金条，装在一个长长的口袋里，终年绑在身上。平常谁都看不出，就是一个朴素老头，脱下外衣，活灵活现奥斯卡，金光闪闪小金人，引无数明星竞折腰。

历史的半边天

帮杨贵妃偷渡去日本

20世纪80年代的一天，我妈看完一本八卦杂志后神神秘秘地说："杨贵妃没死，去了日本。"我妈是个业余女诗人，众所周知，诗人说话跟酒鬼一样条理不清。前段时间，我老婆在整理房间时也神神秘秘地说："杨贵妃没死，去了日本。"我老婆是个业余品酒师，众所周知，酒鬼说话跟诗人一样条理不清。然而她们就是坚信杨贵妃去了日本，两人合捧着那本旧杂志，振振有词、咄咄逼人。

我本人其实也很喜欢这本旧杂志的说法，因为世间总需要些传奇来慰藉和调剂无趣的现实。只是在正史中，杨贵妃确确实实死在了马嵬驿，并且还有目击证人。《资治通鉴》载："上乃命力士引贵妃于佛堂，缢杀之。舆尸置驿庭，召玄礼等入视之。"《旧唐书》说得更加详尽：唐玄宗自四川回来，密令改葬杨贵妃时，发现杨小姐身体已经腐烂了。

不过，为了娱乐家里的两个女人，我可以罔顾事实，于历史的罅隙中开辟一条生路，为嗜爱荔枝的杨玉环女士设计一条"杨逃”路线。

对杨贵妃来说，幸运的是当时是被“缢杀”的，这是关键之处。“缢”就是勒脖子，不是斩首。砍掉脑袋还能跑的是鸡，羊不行。按正史说法，行刑者为高力士，高、杨二人关系尚算融洽，所以力士手下留了情（杂志上说是用了一个侍女替死），于是杨贵妃窒息假死。当天被杀的除了杨贵妃，还有她的堂哥杨国忠、侄子杨暄和三个姐姐（韩国夫人、宋国夫人、虢国夫人），杨太多，清点时验尸官“数杨”睡过去了，杨贵妃得以蒙骗过关逃出马嵬驿。我只能这样假设，请理解。

接下来是逃亡路线的选择。即便杨贵妃只为保命不为出国，在当时的情况下，她也只能选择东渡日本的逃亡路线。

柳宗元在《馆驿使壁记》一文中介绍说，当时唐朝以首都为中心，有七条重要的放射性驿道通往全国。但此时的杨贵妃向西入蜀是不可能的，因为玄宗的部队就是向四川进发，尾随其后的风险过大。

向北逃亡也不可能，因为北方是一片荒漠，寸草不生，况且这条路线已经被同为“四大美女”之一的王昭君垄断了。

向东确有可能通过安东或登州口岸转道日本，宋人曾公亮在《武经总要》一书中提到唐朝时东线的情况：“营州东百八十里，凡九递至燕郡城，自燕郡东经汝罗守捉，渡辽州十七驿，至安东都护府，约五百里。”但这条线路要经过安禄山的家乡，也就是烤羊腿的发源地东北朝阳，杨贵妃经此，没有吕后也会变成“人彘”。更凶险的是，当时叛军部队正源源不断由东向西开拔，所以杨贵妃只能向南逃亡。

据《唐书•地理志》介绍，这条南线由长安出发，经洛阳、汴州、泗州、扬州、苏州、杭州、越州、衢州、泉州、福州，而路途中经过的扬州和终点福州，当时都有出海口。

但困难的是，由马嵬驿到洛阳势必经过叛军驻守的长安。作家叶广芩曾为杨贵妃设计了一条可以绕过长安的小路：从周至县的骆口驿进山，穿越秦岭从陕西洋县走出，再沿着笔者设计的线路到达出海口。杨先借羊肠小道，再扬帆而去，三阳开泰，化险为夷。

这一路，荆棘塞途、险阻重重，是再自然不过的，但笔者只是为其设计逃亡路线，不问食宿安保。《新唐书》说杨贵妃冰雪聪明、善解人意，“智算警颖，迎意辄悟”，相信她会遇事应变，并遇到像我妈这种渴盼传奇的好心老太太和我老婆这种渴盼见到比她还胖的娘们的老娘们，因此逢凶化吉、绝处逢生。

据《唐六典》记载，当时唐朝的物流速度为：马每天走70里，驴50里，车30里。《长恨歌》说杨贵妃“娇无力”“金步摇”，体能和行走姿势都有毛病，因此设定杨贵妃的行速为每天10公里。由西安到扬州距离约1200公里，杨贵妃到达出海口需要四个月左右，“马嵬之变”发生在756年7月，到达扬州或附近地区时大约是11月。

当时要去日本，比较成熟的海上路线有两条，一般是从山东半岛登船，横渡渤海湾口后，沿着辽东半岛、朝鲜半岛航行去日本。隋大业三年（607），日本遣隋使小野妹子访隋，隋炀帝即派文林郎、鸿胪卿掌客裴世清率领代表团13人回访，《隋书·倭国传》记载了这次东渡线路：“度百济，行至竹岛，南望聃罗国（济州岛），经都斯麻国（对马），迥在大海中。又东至一支国（壹岐），又至竹斯国（筑紫），又东至秦王国，其人同于华夏，以为夷洲，疑不能明也。又经十余国，达于海岸。”也就是说，裴世清一行是经由百济，通过对马、壹岐而驶达北九州之后，航行濑户内海以达难波津。

但笔者不推荐杨贵妃选择以上这条路线，原因有二：一是到唐朝时，新罗灭百济、高句丽统一朝鲜半岛后，与日本关系一度不甚融洽，该路线往来航线几近荒废，并且比较绕路；二是前文已述，杨贵妃只能往南逃，显然到不了山东。

当时的唐朝确实很强大，对外尚有若干国际性的海洋路线，地理学家贾耽在《记四夷入贡道里》一文中说，唐朝的国际交往线有七条。另一条通往日本的路线在东南方向，港口主要集中在福建、江浙一带，福州、扬州、宁波、张家港是当时比较成熟的港口。

杨贵妃可以按照鉴真东渡的路线，由张家港出海。原因如下：其一，鉴真六次东渡，最后成功便是由张家港出发的，且此地地名吉祥，乃笔者家的港口，会遇到渴盼传奇的我妈和渴盼见到比她还胖的女人的我老婆支持她出海；其二，杨贵妃东渡与鉴真东渡的时间极其相近，鉴真753年11月16日出海，杨贵妃到达港口是在756年11月左右，两人东渡时间只隔三年，海洋整体状况变化不大；其三，杨贵妃东渡与鉴真东渡的目的地接近，鉴真登陆地点是日本福冈，旧杂志说杨贵妃落脚于日本山口县，两地距离极近，两人可以互相串门，“闲坐说玄宗”。

但遗憾的是，杨贵妃到达港口后很难立即登船出海。唐前中期，对日航行基本是官方性质，主要是使团往来。据《日本书纪》一书记载，日本在759年曾派出遣唐使来中国（中国文献上没有记载），所以杨贵妃要在港口等上三年。

往来日本的商船要等到唐开成年间（836—840）才大规模出现，但在当时也不等于绝对没有。即便是没有，杨贵妃漂洋过海也不是不可能，世人皆知她常年“温泉水滑洗凝脂”，水性应该不错，而且这个丰满的姑娘腰上自备游泳圈，不太可能淹死。

假设杨贵妃在我妈和我老婆的帮助下找到了往来日本的商船，按遣唐使船“南岛路”的路线前往日本：由东海向东南行驶，经过奄美诸岛、屋久岛、种子岛……大约航行一个月，即可到达日本山口县。

至此，笔者终于成功帮杨贵妃偷渡到了日本，满足了家里两个女人的愿望。至于可信度有多高，两个女人说：“我读书少，你别骗我！”

我读书多，肯定会骗你啦。

“女酒鬼”李清照

将李清照定义为“女酒鬼”，一点都没冤枉她。李老师留存下来的作品里，通篇都在喝。“煮酒笺花”“香消酒未消”“非干病酒”“酒意诗情谁与共”“酒阑更喜团茶苦”“东篱把酒黄昏后”“愁浓酒恼”“酒美梅酸”……只《漱玉词》里，“醉”字就出现11次，“酒”字出现19次。这数字组合“1119”翻译过来就是“要要要酒”，十万火急119，不喝上火。

那么，李老师一般喝什么酒呢？根据“金尊沉绿蚁”“酒美梅酸”“扶头酒醒”等词句推断，她是不挑酒的。

宋朝的新酒在未过滤时就像果粒橙一样，漂满了无数的渣滓和泡沫，仿佛蚂蚁在开会，又由于酒浆颜色微绿，所以叫“绿蚁”，这是一种大众酒，不贵。“酒美梅酸”说的应该是炮制酒，也不贵。

“扶头酒”稍有争议。一说，此酒酒性很烈，“才下喉头，却上心头，马上上头”，所以要扶住头，不然脑袋歪着像地球仪。另一说，“扶”是“护持扶养”的意思，“扶头酒”是宋朝的回魂酒，为保护头脑而喝的液体安全头盔，这种酒稍有档次，但也不贵。晚年的李老师在杭州更加不挑酒，只是不碰雄黄酒，听说当地有个姓白的女酒鬼，端午节灌了一杯，喝完变蛇了。

李老师不挑酒，也不挑菜，甚至没菜也可以喝酒。李清照在《金石录后序》中描述了自己的生活：“市碑文果实归，相对展玩咀嚼。”“食去重肉。”她根本不做菜，也不吃肉，买两棵青萝卜当苹果“咔咔”啃，然后“咣咣”喝。

李清照即便做菜也没法吃。李老师号“易安”，按拼音读法，“易安——盐”，能把人齁死。当然，李老师这个“易安”和氯化钠没有多大关系，她因为很喜欢陶渊明《归去来兮辞》中那句“审容膝之易安”，于是自号“易安居士”。李老师的偶像陶渊明最后喝酒喝成了斜眼，东篱采菊，能看到南边的山。李大娘也来了一次模仿秀，“东篱把酒黄昏后”，她倒是没斜眼，只是喝脱相了，“人比黄花瘦”。

“坐上客来，尊中酒满。”“香车宝马，谢他酒朋诗侣。”以上是李老师对自己酒友的描述，但没说具体是谁。据说李老师跟秦桧有可能一起喝过酒，理由在《鸡肋编》和《王文恭公珪神道碑》中有载：秦桧的岳父王仲山的姐姐嫁给了李格非，李格非就是李清照她爸，所以秦桧的老婆要叫李格非的老婆为姑妈，她和李清照是姑表亲的姐妹，所以秦桧和李清照的关系是姐夫和小姨子。在古代，姐夫与小姨子的关系是很微妙的，莫说吃小姨子的酒，就是吃醋也是正常。

可惜天下第一女词人和天下第一奸相喝酒的画面没法出现，根据《宋史》记载，李格非“妻王氏，拱辰孙女”，按这说法，李清照和秦桧并没有什么纠葛。但根据这一亲戚关系，李老师可能会有另一位名人酒友，就是王拱辰的连襟欧阳修，李老师该叫欧阳修“姨太姥爷”。

然而，李清照和欧阳修一起喝酒也是不可能的。李老师出生的时候，欧阳太姥爷早就去世了，两人根本没机会一起喝酒。就算有机会，李老师应该也不会喜欢跟这位太姥爷喝酒，因为欧阳太姥爷太菜了，太姥爷虽号“醉翁”，其实酒量很小，他自己也承认自己“饮少辄醉”，属于酒精棉球一擦，“嘤”一声就晕过去的选手。因为连儿童都喝不过，欧阳太姥爷晚年改号叫“六一”了。

李老师并不比欧阳太姥爷强多少，虽然她从少年到晚年没断过酒，但酒量却也不敢恭维。首先，李老师喝得不豪爽，“点点滴滴，这酒量，怎一个愁字了得”；其次，李老师一喝就大，“酒醒熏破春睡”，醉眼蒙眬看人重影，瞅谁都是双胞胎。

李老师喝大后，说话也开始犯二，一个词两遍：“争渡、争渡”“知否、知否”。这是李老师年轻的时候，喝醉还能说单词，到晚年基本告别词组，开始口吃了，磕磕巴巴一字一字往外蹦，“寻寻觅觅，冷冷清清，凄凄惨惨戚戚……”一个字说两遍，电话费是别人三倍。我没算错，三倍是因为除了重复还语速不快，《声声慢》嘛。

总的说来，除了酒驾“撞死一滩鸥鹭”这次事故外，李老师算是绿色环保女酒鬼，喝完不闹只是睡，“浓睡不消残酒”“夜来沉醉卸妆迟”，只是醒后情绪不太高，跑到凤凰台上忆吹箫：“新来瘦，非干病酒。”李老师这顿酒恰好给“酒后抑郁症”命了名，“病酒”就是说酒后的疲惫、失落和沮丧。

酒后抑郁症是很痛苦的，于是李老师又提供了治疗方法——继续喝！“沉醉不知归路，人何处？胡同拐角，烟酒批发部。”

抱八又三分之二块金砖的满都海

1479年，蒙古满都古勒大汗死了。满都古勒无子嗣，需要寻找新的汗位继承人。

按照蒙古习俗，新的汗位继承人有权接收老汗王留下的全部遗产，包括女人。也就是说，谁继承了汗位，谁就可以把老汗王满都古勒的遗孀满都海收入帐房。但这个满都海的政治势力非常大，于是剧情反转，只要她嫁给谁，谁就能当大汗。于是，各部落首领纷纷向满都海求婚。

让所有人大跌眼镜的是，满都海选择了成吉思汗第十五世孙巴图蒙克。巴图蒙克这年才7岁，满都海已经34岁了（另有史学家推算，这年巴图蒙克4岁，满都海19岁），两人年龄相差26岁。俗话说：“女大三，抱金砖。”抱八又三分之二块金砖的满都海正式登上了政治舞台，造型如圣斗士星矢，满身披挂黄金甲，威风凛凛，炫目惊人。

自一百多年前朱元璋攻陷元大都后，蒙古人退回漠北，蒙古各部又陷入互争雄长、割据征伐的混乱状态。虽然不断混战，但各部落会推举一位名义上的大汗尊为共主。因为对成吉思汗黄金家族的崇拜和信赖根深蒂固地存在于蒙古人的意识里，所以形成了一条不成文的规矩，大汗之位必须由成吉思汗的直系后人继承。满都海之所以选择这个只有7岁的小男孩巴图蒙克做老公，就是这个原因，当时，黄金家族只剩下巴图蒙克这一个合法继承人了。

满都海的亡夫满都古勒大汗当然也是成吉思汗黄金家族的直系后人，所以这对新婚夫妇还有另外一层亲缘关系，按辈分，满都海是新小老公的曾叔祖母。严格来说，这桩婚姻不是姐弟恋，而是妈祖情。

这桩看上去匪夷所思的婚姻关乎家国命运，改变了蒙古的历史走向。满都海与巴图蒙克的结合，使割据混乱长达一百多年的蒙古复归统一，黄金家族的统治得以延续和巩固。

婚后的满都海开始了统一蒙古的征途。对婚姻深谋远虑果敢决断的满都海，迅速展示出高超的政治手段与卓越的军事才能。

1481年，满都海携幼小的老公进攻宿敌瓦剌部落。因为巴图蒙克年幼，无法独立驾驭战马，满都海极富创意地将他放进箭囊中，变身袋鼠揣着孩子上阵厮杀。《黄金史纲》一书说这场战事激烈又残酷，满都海亲自挥刀上阵，冲杀中她的头盔竟被砍掉，一头乌黑的秀发漫天飞舞。更夸张的说法是，敌军被满都海的威猛仪态震慑得目瞪口呆，竟又为她送上一副新头盔。满都海不以为意，戴上头盔继续厮杀。

剿灭瓦剌部后不久，满都海又开始了第二次征战。根据蒙古史籍记载，满都海第二次征讨的对象是害死巴图蒙克父亲的乩加思兰太师。满都海与乩加思兰的关系很纠结，她与前大汗满都古勒所生的女儿就是嫁给了乩加思兰，因此，满都海是乩加思兰的岳母。敌人大军到来之时，乩加思兰还未召集军队，满都海以“迅雷”不及“电驴”之势突袭。岳母满都海杀得很顺畅，姑爷乩加思兰只身逃遁。乩加思兰在草原上疯跑，满都海在后面狂追，画面有点像急支糖浆广告。终于，在乞勒扯儿洼地，乩加思兰被击毙。前有岳母刺字，后有岳母刺杀，下手都比较凶狠，血淋淋的。

满都海计划第三次出征攻打的是亦思马因太师，《明实录》记载这一仗发生在成化十九年（1483）。亦思马因被巴图蒙克和兀良哈三卫的联军包围，不敢恋战，且战且退，马不停蹄，老婆、孩子、部下全被抓。亦思马因一路向西奔逃，边跑边扔急支糖浆，最后跑回老家，才算捡回一条老命。

三次决定性的战役结束后，满都海的小老公巴图蒙克统一了蒙古本部，开始亲政，他便是被后人称为北元“中兴之主”的达延汗。

不可否认，满都海与巴图蒙克的婚姻是一桩政治婚姻，但他们两人之间确实是有爱情的。据《黄金史纲》和《明实录》记载推断，王越以提督军务衔率2万人赴榆林防御，途经大同遭遇满都海夫妇，满都海在这一战中遭遇了滑铁卢，为掩护达延汗，在夜袭中战死。

又按《蒙古博尔济吉特氏族谱》说法，满都海与巴图蒙克两人不但有爱，还有爱的结晶。满都海和小老公婚后一共生了四次孩子，可能是黄金周大促销，送子观音给黄金家族优惠，买一送一吧，第一次是双胞胎，第二次还是双胞胎，每次都是双胞胎，生下的孩子共计七男一女。上一辈一老一少演一场轰轰烈烈的历史大戏，这一辈七男一女演什么？《八仙过海》还是《白雪公主》？

我有一个梦想

“马丁•王满堂”的故事发生在500多年前。当时，北京举办了一场大选秀，霸州姑娘王满堂经过初试，光荣成为明朝正德皇帝的预备役床友。

按照王姑娘的人生规划，接下来她应该戴上正德皇帝给的后冠，然后站在魔镜前顾盼：“魔镜魔镜，谁是这个世界上最美丽的女人？”王姑娘浮想联翩，甚至预定了iPhone8给白雪公主。

然而情势急转直下，王姑娘参加复试的时候被刷下去了。《明武宗实录》用“耻，不肯适人”来描述她落选的心态，这个姑娘自尊心很强，性格刚烈的她打算永不嫁人，孤身终老。

就在王满堂决定“做不成圣上的女人，就做剩下的女人”后不久，她开始频繁地做一个内容相同的梦，梦中的神仙说会有一个叫赵万兴的人来娶她，“其人贵不可言”。因为有前期选秀的铺垫，在王姑娘的想象中，她会通过另一种渠道和途径成为皇后。王姑娘这个怪异的梦不断重复，以致全城人都知道了，恰此时出现了一个和尚，说自己认识赵万兴，要为王姑娘促成好事。专业媒婆有一颗痣，和尚脑袋上有九个点，低头介绍，相当于专业的九倍，这桩婚事自然就成了。于是王满堂的梦中老公“赵万兴”登场了，王家“欢呼罗拜之，即妻以满堂”。

这世上有个莫名其妙的定律，就是在一个女人的身上，美貌与智慧是不能并存的（当然我老婆除外，因为她此刻就在我身边）。这个定律在王满堂身上表现得尤为强烈，王姑娘当年是“以美艳尝与选入内”的，长得特别漂亮，号称“霸州美人”，可王姑娘的智慧确实不多，迷糊到连机场安检员都不如，对这个突然冒出来的“赵万兴”没有进行任何考察，甚至连身份证都没看，就放行了。而这个“赵万兴”的真实身份是国家认证的骗子，本名“段铱”，早已被通缉在案；他的职业更过分，是个道士；媒婆和尚当然也不是好东西，这次婚介实际是两人联手做局骗婚，“道士段铱挟妖术，因潜易姓名，且贿僧”。和尚做媒相当于太监做性学教授，本来就很怪异，又出了这次诈骗事件，此后光头做媒被千夫所指，直到《非诚勿扰》孟非出现后方有改观，此乃后话。

“一个女人，如果只有美貌而匮乏智慧的话，那对她来说是最大的灾难。”这话是赵淑芳当年嫁给我姥爷后恨恨说的。后来被打成右派的我姥爷说赵淑芳的话必须反着听，所以应该是：“一个女人，如果只有美貌而匮乏智慧的话，那对她老公来说是最大的灾难。”

假赵万兴不但是骗子和妖道，更是邪教组织的头目。《明武宗实录》载，假赵先生段铱婚后“出妖书，传相煽惑，愚民神其梦，从之者日益众”。因为王满堂的梦众人皆知，大家都认为她是做皇后的命，一个娶了皇后的男人，按理说必须是皇帝。于是，经过激烈的思想斗争，段铱做出了一个惊人的决定：当皇帝。我们知道，王姑娘做机场安检员是很不合格的，所以道士段铱不但顺利登机，也顺利登基了。登基后的段铱“改元大顺平定”，王满堂顺理成章成为“大顺平定皇后”，走上了人生巅峰。“念念不忘，必有回响。”王姑娘感慨道。

据《明武宗实录》记载，这对夫妻离开霸州，定都山东峄县，建立了一个高效节能的政府，编制少到除皇帝、皇后以外，只有儒生潘依道、孙爵两名官员，实在不清楚这“一女三男”除了打麻将之外还能有什么作为。另立中央的“四人帮”国家很快被正牌中央政府知晓，随即展开歼灭行动，“铱为新城人所获，并得其妖书。抚按官以闻诏释愚民之从者，铱及依道、爵皆斩于市”。一个崭新的国家就这样灭亡了，前后存在时间不到一个月，莫说是王姑娘的父母，就连她的大姨妈都没见过这个伟大的盛世。

《大明律》对谋反者的处罚是“凌迟处死”，祖父、父子、孙、兄弟及同居之人，年十六以上皆斩。按说王姑娘必须身首异处，但传奇的是，三个男人被砍，王姑娘却幸免了。更传奇的是，正德皇帝在审理这一案件时，突然对王姑娘产生了浓厚的兴趣。上次选秀时还是少女，这次再见已是少妇，时间和阅历把王姑娘打磨得风情万种、风流婉转，正德皇帝做出了一个令人诧异的决定：娶王满堂当老婆。

完美诠释了“螺旋式上升”理论的王姑娘，走上了人生的又一巅峰。“念念不忘，竟有双响。”王姑娘感慨道。

然而造化弄人，每每在最关键的时刻，王姑娘的好运气便抽身而退。就在王姑娘获悉自己成为正德皇帝老婆的时候，正德居然死了！新皇明世宗继位，发现王姑娘跟正德的婚姻没有任何手续，于是将她发配浣衣局为奴。

完美诠释了“瀑布式下降”理论的王姑娘，跌入了人生的又一低谷。“这跌宕起伏啊，真像中国股市。”王姑娘感慨道。

关于慈禧的无稽绯闻

关于叶赫那拉氏的绯闻，从她1852年被赐号“兰贵人”便开始出现。这个名号相当不好，“兰”字倒过来看就是“三八”，热衷于颠倒黑白的三八群众随即制造出一堆关于她的八卦，像兰贵人老家的东北被面一样，花里胡哨、花团锦簇、花样百出，剧情叹为观止，被底下的她和艺人、洋人、半男半女的阉人等，都发生过轰轰烈烈、跌宕起伏的床上运动，远在西安的地动仪都被震得噼里啪啦掉珠子。

这些无稽绯闻当然是荒诞不经的，大多是“排满”者、维新派和革命党为舆论宣传而刻意捏造的，稍知清朝历史，稍加逻辑分析，此类花边绯闻就不攻自破了。稍有常识的人都会看出，如果慈禧太后用事实的武器反击，这些螳臂当车的造谣分子是根本无法招架的。

清朝的宫廷内斗十分激烈，稍有不慎便是万丈深渊。入宫时级别低下的兰贵人最终成为掌握绝对权力的慈禧太后，与其一生谨慎、检点和自律是分不开的。太监信修明在《宫廷琐记》一文中说慈禧40岁之后，“发已脱落，仅存鬓边和后脑短发，修饰唯仗技巧，否则俨然一位秃老太太”。这说明慈禧连“小辫子”都不会被人抓住，更何况男人这个“把柄”。

慈禧谨严一生，即便掌握了最高权力，依旧恪守妇道不敢放肆。政治人物的性命是权力，权力就是慈禧的命，为了命，她可以不要性。而且，清朝森严的宫廷制度也决定了，关于慈禧的种种绯闻是不可能发生的。

但慈禧太后的绯闻听起来还是很有趣的。首先登场的是慈禧最为宠信的太监安德海，清人薛福成在《庸庵笔记》一书中说得离奇，同治八年（1869）安德海被山东巡抚丁宝桢处死，验尸时发现安德海是假宦官，没阉干净，并由此传出安德海乃慈禧面首的绯闻，又有传闻说李莲英也是慈禧面首。

以上传闻具备很强的猎奇性，但全是扯淡。清朝内宫制度规定，“太后在寝宫一切皆由妈妈、女子伺候，太监不得近前”。清宫内务府制度也保证了这种事情绝不可能发生：春秋两季例行检查太监身体，若发现二次发育长肉芽，都要再来一遍手术。就连宫里的壁虎都不敢长新尾巴，何况太监？所以“夜雨剪春韭，春风吹又生”只是美好幻想，安德海不可能有作案工具。

宫里确实有健全男性，但关防制度又决定了偷情这种行为是不可能发生的。大内每值太阳没后，敬事房太监一名，先到乾清门吆喝一声：“大人们下钱粮啦！”（钱粮即锁钥。）侍卫答应一声："上锁啦！"敬事房太监扭项回头吆喝道："灯火小心！"五殿十三厅值班太监喝道："呵吓！"此后禁内除了皇上只剩男子七人：乾清门侍卫四名住乾清门大门；奏事官一名住月华门，夜间不准向东下台阶一步，有太监监视；太医院大夫二名，住日精门御药房，夜不准向西下台阶一步，有太监监视。这七个人如果想和慈禧偷情，"不准向东下台阶一步"的侍卫和奏事官必须往西跑，而"不准向西下台阶一步"的太医院大夫必须向东跑，彼此绕地球一圈后才能和慈禧碰面。当然，这七个人会在西半球先碰面，舟车劳顿营养不良都瘦脱形了，回来的七个小矮人会认为，跟白雪公主混比跟老太太混要爽得多。

后来又诞生了更不靠谱的传闻，说慈禧太后与宫外人士扯淡，竟然导致她怀孕，还生下了孩子。文廷式在《闻尘偶记》一书中说慈禧太后曾与一个古董商缠绵了一个月，转年生了个孩子，起名叫爱新觉罗•载湉。

"躺着也中枪"的慈禧太后无可奈何，更离谱的绯闻随即出现：京剧演员杨小楼戏唱得好、人长得靓，慈禧命人暗中把他塞在食盒里，抬进卧室。这更不可能，《宫女谈往录》一书中描述过慈禧就寝时的情形，储秀宫值夜人员是这样分配的：门口两个人；更衣室门口外头一个人，负责寝宫里明三间的一切，给卧室里侍寝的当副手；静室门口外一个人，负责静室和南面一排窗子；卧室里一个人，负责慈禧夜间一切需求。对于慈禧太后与杨小楼的传闻，该书作者明确表示这是没影的事："老太后、皇后好比两只凤凰，我们宫女好比一群麻雀，整天围着凤凰转，最少也有十几只麻雀在后边跟着。这是制度，是规矩，抬进一个大活人来，往哪里放啊！”

笔者也认为不可能，杨小low能够藏在食盒里，身材要娇小到什么程度？与其从宫外冒险带入其他人，不如把跑过西半球那七个小矮人召回来，岂不是更保险、更方便？

蔡锷小凤仙传奇真相

小凤仙生平事迹不见于正史，按《孽海花》作者曾朴的说法，她是杭州满族旗营文案的汉族小妾所生，文案死后，这个小妾被大房赶出家门，后来贫困而死，于是小凤仙流落到曾朴家斜对门，过着饥寒交迫的生活。再后来，小凤仙失足了，辗转进京，入驻八大胡同的吉云班，经过艰辛的努力成为行业翘楚。

说小凤仙“经过艰辛的努力”，是因为她本身条件一般。真实的小凤仙并不好看，《民初史略》一书中说小凤仙“相貌乏过中姿”，喻血轮在《绮情楼杂记》一书中则说“小凤仙本一平庸妓女，貌仅中姿，身躯修长，惟皮肤白皙，富有性感……结发成长辫，垂之脑后，盖完全一北地姑娘也”。按此描述，凤仙大约和凤姐伯仲之间。

小凤仙能从一众佳丽中脱颖而出，靠的是剑走偏锋，她擅长另类、出位的形象包装，“平时喜御长袍，作男子装，扎裤腿，黑缎鞋”。此外，她又精于划分客户群体，很会相面，生有一双慧眼，“能辨别狎客才华”，就算改行做猎头，也是有发展的。

当然，上述手段还不足以让小凤仙闻名京城社交界，她能够名垂青楼史，要归功于蔡锷将军的莅临指导。

蔡将军被袁世凯骗到北京后极其苦闷，情绪很不稳定。他先是被封为“始威将军”，主管交通工作。蔡将军上街视察交通后更加恼火，因为车根本走不动，大栅栏一带全是红灯，于是蔡将军进驻红灯区现场办公，身先士卒的将军和身先失足的妇女就此相遇了。剩下的情节与电影《知音》中描述的差不多，但电影为强化戏剧效果，加工得过于用力，打造了一个让人羡慕不已的英雄美人爱情传奇。

真实情况是，小凤仙与蔡锷确实有过交往，但关系很单纯，纯粹是买卖供求。蔡家后人回忆说，蔡锷当时虽涉足八大胡同，但并不常去。民国文人张冥飞在杨因尘《新华春梦记》一书的批注中说得更明白：“（松坡）自污使老袁不以为虑耳，非真有爱于小凤仙者也。”只是感情这东西非外人所能道也，姑且认为蔡锷与小凤仙两人之间有爱情吧，毕竟风尘侠义、英雄美人的爱情故事是最为人民群众喜闻乐见的。

美人爱英雄的故事可以有，但美人救英雄的故事真没有。电影《知音》是这样演的：袁世凯领着一群虾兵蟹将来抓蔡锷，生死关头，蔡锷从后窗跳了出去，小凤仙推开窗户目送蔡将军远去，不料撑窗户的棍子掉了下去，砸中一个男人的脑袋，两人一对视，又开始了一场轰轰烈烈的爱情……电影是30多年前看的，记得有点混乱。即使记混乱了也没什么，因为小凤仙救蔡锷这段故事本身就是瞎编的。

蔡锷到底是不是在小凤仙的帮助下逃脱的？蔡锷的传记里并没有提到。不过，从蔡锷的老师梁启超后来写的回忆文章来看，小凤仙并没有做过这件事。

另据哈汉章的回忆，1915年11月10日是哈汉章祖母八十寿辰，蔡锷应邀赴宴。当夜，蔡锷与人通宵打牌，监视他的密探陪着熬夜，疲倦至极。到了早上七点，蔡锷从哈家出来直奔新华门总统办事处，密探彻夜未眠，见蔡锷拖着阑珊的步子回去，不虞有他，乃小寐传达处。蔡锷在办公室稍作勾留，趁人不备，溜出大门，从此不见踪影。

《蔡松坡先生事略》一书中说："一日晚间在小凤仙处请客，正当游客满座、狂歌畅饮之际，公（蔡锷）即单身赴崇文门车站，乘火车赴天津，当时无一人知者。"陶菊隐写的《蒋百里先生传》更是彻底删除了小凤仙的戏份："他（蔡锷）秘密离开北京的那天，梁任公派老当差曹福（天津人）代他购了一张三等票，直待他化装上了车，才把车票交给了他。"蔡将军逃脱的过程虽然没有女性参与，却也十分传奇。

蔡锷将军就这样轻轻地走了，不带走一片云彩。与蔡锷相遇，是小凤仙人生辉煌的顶点，一失足成千古风流后，她便销声匿迹了。

据说，梅兰芳先生1951年在沈阳见过小凤仙一面，但这次见面没有官方记载，其真实性也经不起推敲。不过，这个故事倒很有趣：梅兰芳先生接到自称小凤仙的人写来的信，说梅先生曾见过她，并希望跟梅先生叙叙旧。梅兰芳先生想不起曾见过小凤仙，便让秘书许姬传和她聊，自己坐在一边。小凤仙说自己隐姓埋名，嫁给了一个锅炉工，过着平淡的生活。沈阳、锅炉工……想到宋小宝了。

怪力乱神

孔子真的很难看？

公元前563年逼阳之战，鲁国军队撤出城门时，悬门忽然急坠，陬邑大夫叔梁纥在千钧一发之时力挺千钧，用双手顶住悬门，为撤退的鲁军举起了一条通道。此事震惊了各诸侯国。

山东总出这类汉子，《吕氏春秋》说鲁国还有一位能举起城门的汉子，就是万世师表的孔子，“孔子之劲，举国门之关”。叔梁纥和孔子谁更厉害？答案当然是叔梁纥，因为叔梁纥“举了”才有了孔子。叔梁纥乃孔子他爹。

这父子俩之所以能举起城门，是因为不但力气大，而且更重要的是长得也很高。据《孔子家语·本姓解》记载，孔子他爹“身长十尺”，孔家有“孔高症”的遗传病，孔子光荣地继承了这个病。《荀子·非相》说“仲尼长”，长到什么程度呢？司马迁说“孔子长九尺有六寸”，不清楚司马迁用的是汉尺还是周尺，若按吴承洛先生《中国度量衡史》一书推定的一尺为19.91厘米的周尺换算，孔子身高191.136厘米；若按一尺为23.1厘米的汉尺换算，孔子则高得吓人，有221.76厘米，四舍五入后是

222厘米，大概因为老是2，所以叫了“孔老二”。

孔子虽然很高，但身材不是很好，《史记•孔子世家》说他“自腰以下不及禹三寸”，因此他的身材属于上长下短型。《庄子•外物》说孔子“修上而趋下，末偻而后耳”，不但身材上长下短，还有些驼背，造型比较“植物大战僵尸”。

孔子的长相稍好于僵尸，但也好不到哪儿去。他相貌怪异，生下来大概有些缺钙，以致脑袋塌陷，也大概因为这个毛病，所以叫了“孔丘”。

司马迁在《史记》中说孔子“生而首上圩顶，故因名曰丘云”。司马贞在《史记索隐》一书中解释“圩顶”为“中低而四旁高也”。东汉的王充在《论衡》一书中也说“孔子反羽”，意思是孔子头盖骨中间低而四边高，脑袋上有个大坑。这个造型倒是不错，出门打酱油不用带瓶子了。当然，万世师表的孔子是不屑于做这类生活琐事的，孔师的主要工作是给雀巢做代言人，赶上北京奥运，还可以代言鸟巢。

孔子头顶这个坑导致周边头骨向外扩张，所以脑门十分突出。《孔丛子•嘉言》说孔子“河目而隆颡”，“河目”是指眼睛细长，“隆颡”是说大脑门，该书作者随后补充说这是“黄帝之形貌也”。此话原意是美化，实际还是补述孔子的大脑门。王充在《论衡•骨相》中说黄帝“龙颜”，意思就是大脑门加眉弓突出。孔子的大脑门很好，晴天遮阳不用戴帽子，雨天更妙，眼前有微观水帘洞瀑布，只是可惜了头顶上的酱油，变寡淡了。

《荀子•非相》说“仲尼之状，面如蒙倛”，“蒙倛”是上古驱鬼用的脸谱，方形。头顶塌陷、脑门突出的孔子头颅，侧面看像“兕”字，正面则是“囧”字。

孔子的五官长得比“囧”字还有喜感，与司马迁同时代的西汉人韩婴在《韩诗外传》一书中描写孔子的长相为“得尧之颡，舜之目，禹之颈，皋陶之喙”，意思是说孔子脑门像尧，眼睛像舜，脖子像禹，嘴像皋陶。不清楚大禹的脖子长什么样，史料中也没有记载尧的额头的形状，因此，从可以确定的孔子的大额头反推，尧的额头大概也不小。《论衡》一书中记载皋陶的嘴和舜的眼睛是这样的：“皋陶马口”“舜目重瞳”，皋陶的嘴像马嘴，而舜帝是重瞳。所谓“重瞳”，医学解释是瞳孔发生了粘连畸变，从“0”变成了“∞”，两只眼四个瞳孔就变成了“∞∞”。看来，除了可以代言鸟巢，孔夫子还可以代言奥迪。

史籍中记载的孔子很难看，民间传说就更加离谱了。传说孔子相貌有“七露”：“眼露白，耳露轮，口露齿，鼻露孔。”这是七窍突出、五官准备离家出走雄心勃勃扩土开疆的意思。比这更丑陋的是《演孔图》一书中描述的孔子长相：海口尼首，方面，月角日准，河目龙颡，斗唇昌颜，均颐辅喉，骈齿龙形，龟脊虎掌，胼协修肱，参膺圩顶，山脐林背，翼臂注头，阜频堤眉，地足谷窍，雷声泽腹，修上趋下，末偻后耳，面如蒙倛，手垂过膝，耳垂珠庭……这俨然是一张动物园导游图了。

孔子长成这样，居然还比较有女人缘。卫灵公的老婆、著名的南子就是他的粉丝，强烈要求与偶像面对面。结果孔子去的时候，南子却不愿见面了，两人隔着帘子唠嗑。虽说隔帘子算是礼数，但我总感觉南子不愿见面的缘故是因为孔子长得不行。孔子倒无所谓，隔帘赋诗曰：“你见，或者不见，我就在这里，不悲，不喜……”

刘备长相有真相

在《三国演义》第二十一回中，曹操与刘备谈论天下英雄，曰："今天下英雄，惟使君与操耳！"说完扔地上一块肥皂。刘先生嫣然一笑，伸手便捡了起来，根本没弯腰。刘先生"菊花"无恙，"刘备"没变"刘各"。

刘备的身体构造决定了曹操不会得逞。《三国志•蜀志•先主传》说刘备"垂手下膝"，胳膊垂下则手长过膝。刘备的胳膊确实长，"三英战吕布"时，吕布持方天画戟，关羽使青龙偃月刀，张飞舞丈八蛇矛，三人用的都是长兵器，只有刘备一人拿剑，可见他的胳膊确实够长。

刘备长胳膊的优势不单体现在肉搏时，收买人心摔阿斗时安全系数也高，稍一弯腰就手碰地了。按理说，阿斗被摔后应该没事，但三国时期最著名的缺心眼就是他。大概刘备当时真动怒了，跳起来举着摔的吧。

刘备的胳膊到底有多长？根据"人体头身比例"的说法，正常人的头长与身体长度的比例是有规律的，一般亚洲成人头身比例大致在六头身到八头身之间。也就是说，身高除以6到8就是头长。我们取中间值7，以七头身的比例换算刘备的头长：《三国志》记载刘备“身长七尺五寸，垂手下膝”，汉一尺长度为23.1厘米，七尺五寸的刘备身高为173.25厘米，除以7，得出刘备头长为24.75厘米。以七头身比例计算，膝盖处于第五头的位置，减去一个头，由肩膀到膝盖这四个头的长度，就是刘备的臂长：24.75厘米×4=99厘米。由此可知，刘备的胳膊差不多有一米长。也由此可知，桃园结义时排大小比的是摘桃，谁摘得多谁当大哥。

中国帝王的长相都比较鬼斧神工，“垂手下膝”并不算独特，北周文帝宇文泰、后周太祖郭威、陈武帝陈霸先、陈宣帝陈顼等人都“垂手下膝”。刘先生的长相最鬼斧神工之处，在于“顾自见其耳”，转头能够看到自己的耳朵。这有两种可能：一是眼睛长在太阳穴位置，二是耳朵硕大无比。刘备的耳朵确实够大，《后汉书》记载吕布骂刘备：“大耳儿最叵信！”《三国演义》在“顾自见其耳”这句话前面补了一句“两耳垂肩”，刘备的大耳朵大到跟雷锋帽护耳一样。

前文已经计算出刘备头长为24.75厘米，再根据头长换算一下刘先生的耳长。正常人的头耳比例是3∶1，脖子则是一个耳朵的长度（高晓松除外）。因此“两耳垂肩”的刘备耳长恰好等于头长，也就是24.75厘米。这个大耳朵很好地解释了为什么他每次临阵脱逃都跑得飞快：耳大，当翅膀用，起飞后造型就是小飞象。刘备也确实是小飞象，《九州春秋》一书说他在荆州数年，“髀里肉生”，两条腿跟大象腿一样粗。

前有“垂手下膝”，后有“两耳垂肩”，《三国志•蜀志•先主传》又说刘备“少语言”，这些特征综合起来，让我怀疑《西游记》中的人物造型涉嫌抄袭。“垂手下膝”是大师兄，“顾自见其耳”“髀里肉生”乃二师兄，“少语言”则是沙师弟。此外，白龙马也跟刘备有关，《三国志•蜀志•先主传》开头就说刘备“喜狗马”。因此，刘先生一个人就可以去西天取经，他性格柔弱，没事就哭哭啼啼，自己便可兼职唐僧。

刘备与面白唇红的唐僧确实有点像。《三国演义》中说刘备“面如冠玉，唇若涂脂”，《三国志平话》则补充说明了他的五官和肩膀，说刘备“龙准凤目，禹背汤肩”，“龙准凤目”是高鼻梁、丹凤眼，这是好话，而“禹背汤肩”则有点像骂人，不清楚大禹的后背是什么样的，但《荀子•非相》说到商汤时用了“汤偏”二字，说商汤的肩膀像跷跷板一样永远是斜的。刘备已经双手过膝，再斜着肩膀，一只手也就挨着地了，所以我总担心刘的手会被磨秃成“刘一手”。

当然，史籍中描述的刘备长相都是扯淡。季羡林在《中印文化交流史》一书中说，史籍中刘备的长相是后人根据佛教人物杜撰的：“这些神奇的不正常的生理现象都是受了印度的影响。佛书就说，释迦牟尼有大人物三十二相和八十种好，耳朵大、头发长、垂手过膝、牙齿白都包括在里面。”刘备长相分别对应

“三十二相”的第九相“正立手摩膝相”、第二十四相“牙白相”和“八十种好”中的“耳大垂轮”。

刘备到底长什么样？文字描述不够直观，有图有真相。看唐朝阎立本《历代帝王图卷》中刘备的画像最是直观明了：刘先生的胳膊不长，耳朵也不大，和正常人一样。

怪模怪样？帝王长相

中国民间最熟悉的帝王长相大概就是朱元璋的长相了。传说读朱脸，下可通地理——其脸型狭长无比酷似台湾岛；上可知天文——因其患过天花，留下了一堆按十二星座排列分布的麻子。

朱先生的脸型很有特色，此脸只挨过天花没挨过天花板，所以不平整。额头和下巴凸起，从侧面看就是半个括号。从正面看更吓人，朱先生鼻孔朝天，一说话，四个眼睛瞅着你。

关于朱元璋的长相，民间传说中唯一可信的就是对他额头的描述，因为《明史》中也说朱元璋“奇骨贯顶”。

当然，正史记载的帝王相貌也不足信。在古代，臣民不易见天子，为利于统治，帝王长相异于常人才有神秘性和说服力，所以史官抡圆了编，想方设法编造神话来迷惑和欺骗大众，“二十四史”中的帝王在他们笔下都长得怪模怪样。

始皇帝之前的大统领的相貌就怪得离谱。汉朝王充在《论衡•骨相》一文中做过如下盘点：黄帝龙颜，颛顼戴干，帝喾骈齿，尧眉八采，舜目重瞳，禹耳三漏，汤臂再肘，文王四乳，武王望阳。

翻译过来就是：黄帝眉骨突出活像猿人，籍贯山顶洞；颛顼前额平整如盾牌，像汽车牌照；帝喾两套牙齿，是高露洁VIP；尧的眉毛有八种颜色，像一盒彩色蜡笔；舜每只眼睛都有两个瞳孔，连一起是奥迪；大禹耳朵三窟窿，是六耳猕猴原型；商汤的胳膊有两个肘关节，像肉质三节棍；周文王四个乳头，打麻将自摸四筒；周武王的造型最时尚，墨镜总推到头顶，因为眼睛长在脑门上。

进入信史阶段，这种情况也好不到哪儿去。写出“史家之绝唱、无韵之离骚”的司马迁也喜欢胡说八道，《史记•秦始皇本纪》描述嬴政“蜂准，长目，挚鸟膺，豺声”，郭沫若在《十批判书》中解释说，“蜂准”是鼻梁凹陷，“长目”是眼睛细长，能看见自己耳朵，“挚鸟膺”是鸡胸，“豺声”大概是患有气管炎。按这说法，嬴政就是头“四不像”。

在描述帝王的长相时，中国史官的惯用手法有两个：拟物化和贴牌化。

拟物化手法源于原始图腾崇拜所形成的思维模式，一般是将帝王身躯的某个部位与神秘或凶猛的动物相比拟，以体现其“壮貌”本色。“龙虎豹”是史官们的最爱，如“日角龙颜”“剑眉虎目”“蜂目豺声”等词语经常出现在他们的笔下。司马迁对始皇帝长相的描述就是采用了这一手法，此后史官描写汉光武帝和辽兴宗也是“大口，隆准，日角”和“体貌魁梧，龙颜日角”。

贴牌化手法则是将现世帝王比拟为远古的贤君大圣、唐尧虞舜。《论衡•骨相》一文中主角的体貌特征不断在史籍中出现，黄帝、颛顼、尧、舜、禹一直都在你身边从未走远。这一手法让人觉得中国古代帝王千人一面，只是买了不同的QQ秀。

拟物化和贴牌化的帝王长相勉强能看，可还是有天赋异禀的例外。

汉朝开国皇帝刘邦长得不算太奇怪，《史记•高祖本纪》说他“隆准而龙颜，美须髯”，比较特殊的是他的左腿，可能被沙枪崩过，“左股有七十二黑子”。到了刘邦的后代玄德，就开始了基因突变，《三国志•先主传》说刘玄德“垂手下膝，顾自见其耳”。刘备长成这样，有一种解释说，是因为他腿短加驼背。就因为这驼背又长手的造型，他混进了《植物大战僵尸》剧组。

如果刘备能进剧组，那么晋武帝司马炎也能，《晋书》中说他也是“手过膝”。此外，《鸡肋编》说前赵昭文帝刘曜、前秦世祖苻坚、后秦武昭帝姚苌、南燕成武帝慕容垂、北周太祖宇文泰、陈武帝陈霸先、陈霸先的侄子陈宣帝陈顼、五代南汉高祖刘龑、前蜀后主王衍、后周太祖郭威……都像猴子一样“垂手下膝”，个个都能进剧组。这群人参加接力跑比赛天下无敌，彼此伸开手就能传完接力棒，根本不用跑。

如果说“垂手下膝”的刘备是基因突变的话，南北朝的陈朝皇室就是家族基因了，批量生产这种怪物。《陈书》记载武帝陈霸先“日角龙颜，垂手过膝”，他的侄子宣帝陈顼也是“手垂过膝”。有趣的是，陈顼的老婆柳敬言生下来也“手垂过膝”，陈、柳两口子在一起就是奇观，他们如果接吻更是奇观，因此诞生了成语“猩猩相吸”。

在这众多“手垂过膝”的帝王中，谁的手最长呢？答案还是陈顼，他“身长八尺三寸”，陈朝一尺等于24.5厘米，因此他的身高是203.35厘米。按比较普遍的七头身比例换算，陈先生臂长116.2厘米，比其他帝王都长。这是个不世出的拉面师傅，两臂一伸，吉尼斯拉面纪录“咔嚓”就破了。

刘皇叔的隔壁也住着个怪叔叔，名叫孙权。《三国志•吴书•吴主传第二》注引《江表传》说东吴孙权“方颐大口，目有精光”。“方颐”的意思是方脸，加上“大口”，就是个“回”字。孔乙己画孙大王的肖像画得最好，能画四个，分别是黑桃、红桃、方片和草花，边上签画家的姓：K。

不在正常位置长毛，或者毛长得茂密，都是当皇帝的料。晋元帝司马睿的眉骨突出，更奇怪是左眉骨上的前额长白毛，他就因为这撮毛当了皇帝。金世宗完颜雍的特长是胡子特长，长过腹部。与他有的一拼的是晋武帝司马炎和北周文帝宇文泰，两人头发长到脚后跟（实际上司马炎和宇文泰是隔了200多年的双胞胎，司马炎是“发委地，手过膝”，宇文泰是“发长委地，垂手过膝”）。毛发最旺盛的是汉宣帝刘询，他“身足下有毛”，从头到脚都长毛。一身是毛的刘询和手长过膝的刘备是一家人，两人合体后辞别《植物大战僵尸》剧组，去了《西游记》剧组。

《晋书》记载，西凉王吕光长相古怪，“目重瞳子”，像舜一样，每只眼睛有两个瞳孔。“重瞳”的医学解释是瞳孔发生了粘连畸变，从“0”变成“∞”，有点蜻蜓复眼的意思。据史料记载，颜回、项羽、王莽、吕光、沈约、鱼俱罗、朱友孜、李煜等人都是重瞳。吕光长相古怪之处，除了重瞳，还表现在“左肘有肉印”，这块肉印很神奇，“及征西域，印内隐起文字曰巨霸”，在吕光攻打西域时，忽然鼓了起来，变成了两个肉字：“巨霸”。种种迹象表明吕光这是要发达，正好前秦完蛋，他直接在西凉当了霸王。

胳膊长字不算霸道，身上长鳞才是王道。隋文帝杨坚生下来不但身上长鳞，脑袋上还冒出一根龙角来，他母亲吓得失手，将他摔到了地上，可能一不小心摔到烧烤篦子上了，他长大后脑门上一直有五条印子。比他的额头更有趣的是他的掌纹，正常人的掌纹一般是“川”字，他是个“王”字，想不做皇帝都不行。

身上长鳞的皇帝大量集中于南北朝时期，皇帝们的长相跟“南北朝”这一名称正好呼应——不是东西。北魏孝武帝元修全身有鳞纹，南齐高帝萧道成也同样全身有鳞纹。比他俩更厉害的是北齐文宣帝高洋，他黑皮、宽脸、尖下巴，身上有鳞甲，八个脚踝。制造这个怪物的是北齐高祖高欢，然而高欢长得并不奇怪，“目有精光，长头高颧”，双目炯炯有神，最漂亮的是“齿白如玉”，没有蛀牙。所以，高欢应该字“露洁”。

南北朝长相怪异之集大成者，非梁武帝萧衍莫属。《南史•梁本纪》记载他“生而有异光，状貌殊特，日角龙颜，重岳虎顾，舌文八字，项有浮光，身映日无影，两髈骈骨，项上隆起，有文在右手曰武”，萧衍出生时有一道异常的光，相貌超级怪，额骨隆起个大包，面部如龙，回头有如虎望重山，舌纹为八字形，脖子冒光，身体对着太阳却没有影子，两髋骨是双骨并生，右手上纹个“武”字。一直琢磨，萧衍去照哈哈镜，会是什么效果？此人人才，被窝放屁能文能武。最厉害的是他的身体，乃一匹悬浮式隐形空调，他住的房子常年有云气，别人见他便会觉得十分清凉。之所以说是悬浮式空调，是因为他“能蹈空而行”，可以飞。然而这项神奇技艺并没有保持多久，萧衍长大后不喜欢吃地瓜了，也就飘不起来了，很遗憾。

最后登场的是辽太祖耶律阿保机。阿保机生下来就像三岁小孩大，下地就能爬，三个月就能跑，过百日，张口就能说话，自称左右有神人护卫，然后谈论国家大事，凡事未卜先知。当时他大爷处理部落事务，有疑难之事就去找这小子咨询。阿保机目光炯炯，脸型是葫芦兄弟都不敢碰的时尚锥子脸，成年后身高九尺，能开300斤大弓。箭靶子是谁？后汉高祖刘知远。《五代史》说刘知远“目多白睛”，就是说他的眼睛外面一大圈，中间一小黑点，其余全白，像只有十环和一环的射击靶。

帝王长相如此荒诞，盖因其受天之命治理天下，必须突出其神秘、高大、威严和与众不同，以接受民众的膜拜和崇敬，是统治的需要。而史官对帝王外貌特征的表述则是很复杂的一种文化现象，受巫术、宗教、典籍、文学的影响非常大。季羡林曾在《中印文化交流史》一书中有过解释和分析，此处不赘言。

回到本文开始的问题，朱元璋到底长什么样？《明史》中的这段话大概可以解开谜团：“（朱）母陈氏，方娠，梦神授药一丸，置掌中有光，吞之，寤，口余香气。”翻译过来应该是这样：朱元璋之母梦见神仙给她一条口香糖，说“交个朋友吧”，然后就生下了朱元璋，所以朱先生应该长得像阿信，起码一半像。

阿信冤不冤？搜了一下他的歌，没有一首带“雪”，五月天不降六月雪，应该不冤。

干宝与《搜神记》

据传闻，约会时胳膊夹本书，魅力+1；又据传闻，约会时给妹子讲鬼故事，进度+1。20年前，外形俊朗、风华正茂的笔者将以上两大要素二合一，从图书馆借了一本《搜神记》，踌躇满志带鬼赴会。大约读到一半时，被姗姗来迟的妹子调皮地拍了一下，传闻诚不欺人也，笔者“嗷”一声钻进了妹子怀抱……谢谢伟大的《搜神记》的作者干宝先生。

同样都是写鬼的作家，但干宝与蒲松龄大不一样。

首先，他们的出身大不一样：干宝的父亲是副县长，蒲松龄的父亲就是蒲松龄的父亲。其次，他们的人生轨迹也大不一样：干宝先做史官，“少以才器召为著作郎”，后参与平定杜弢叛乱有功，“赐爵关内侯”，再后来做了桂林市的市长；而蒲松龄一辈子都在补考，考试如同骚扰电话，总被挂。

干宝与蒲松龄两人更大的不同在于，蒲松龄一生从始至终都相信这世上有鬼，而干宝最初却是无神论者。《大明一统志》

云："宝尝著《无鬼论》。"只不过，干宝的无神论立场并不坚定，很快叛变为有神论者。究其原因，是他家里出了一桩怪事。

《晋书》《建康实录》《孔氏志怪》等书均记载了这件怪事："宝父先有所宠侍婢，母甚妒忌，及父亡，母乃生推婢于墓中。宝兄弟年小，不之审也。后十余年，母丧，开墓，而婢伏棺如生，载还，经日乃苏。"意思是说：干宝的父亲宠爱一个婢女，干宝的母亲嫉妒得要死。干宝的父亲死后，母亲竟将婢女推进墓室做了人殉。十几年后，干宝的母亲也死掉了，在古代，夫妻要合葬一起，墓室重启时，匪夷所思的事情发生了——婢女复活了！

众人问婢女这十余年里她是如何活下来的，婢女的回答更加恐怖，说干宝死去的父亲常常给她拿吃的。《晋书》中说，"（婢）言其父常取饮食与之"，美食家沈宏非说这句话不合情理，合理解释应是"常取其父饮食之"。吃遍全球美食的沈同志唯一不知人肉何味，很是羡慕婢女的口福。

婢女到底是怎么活下来的，书中并未解释，而对干宝家族来说，现实问题是如何安置这个出土婢女，按《文物法》规定，地下挖出的归国家，可国家高风亮节不要。于是干家只好把婢女转嫁出去，"既而嫁之，生子"。至于这个胆大的新郎的名讳，书中未载，鉴于此女出自活死人墓，估计是嫁给杨过了。

此事对干宝触动很大，接下来又有一事发生，彻底改变了干宝的认知，自此开了天眼，炯炯“有神”论了。

据《晋书》记载：“又宝兄尝病气绝，积日不冷，后遂悟，云见天地间鬼神事，如梦觉，不自知死。”干宝的哥哥干庆病重身亡了，奇怪的是尸体不但不冷，反倒像山寨手机一样摸着烫手。又过了几日，干庆突然活过来了，醒后大讲特讲冥界鬼神之事。这件怪事不仅记录在《晋书》中，《文选钞》和《十二真君传》等书亦有载：“时武宁县令干庆死，三日未殡，（吴）猛往哭之，因云：‘令长固未合死，今吾当为上天讼之。’猛遂卧庆尸旁，数日俱还。”

200多年后，干宝的家中又一次出现了类似事故。据《续高僧传•慧因传》记载：“陈太建八年(576)，安居之始，（慧因）忽感幽使，云：‘王请法师。’部从相喧，丝竹交响，当即气同舍寿，体如平日。时经七夕，若起深定。”这个慧因大师，就是干宝的后代（干宝后裔有干朴，朴子元显，元显子慧因），此乃后话。

干家可能和管理地府生死簿的小秘书有某种关联，总能将死亡账号激活。也正是因为干宝家族三番五次起死回生，促使了干宝进行《搜神记》的创作，“庆弟晋著作郎宝，感其兄及睹亡父殉妾复生，因撰《搜神记》”。三番五次的起死回生事件也促使殡葬公司针对他家进行了产品改良：棺材不用木盖，用门，方便出入。

因为这几次神秘的体验，干宝从此开始“好阴阳术数，留思京房、夏侯胜等传”，并迅速成为晋朝有名的预言家，其预言条理清晰、细节详尽，且屡屡应验。中国人认为泄露天机会遭报应，干宝却无惧，“剧透死全家”党对其无可奈何。

转为有神论者的干宝在玄幻写作之路上亦是突飞猛进，“注《周易》《周官》凡数十篇，及杂文集皆行于世”，同时，他开始了《搜神记》的创作。

干宝创作得很用心，也很苦恼。用心体现在材料整理上，干宝“缀片言于残阙，访行事于故老”，搜集各种残存的文字资料，寻访各种民间故事和传说。苦恼则在于办公用品的紧缺，众所周知，世上最浪费纸的两种人，一是作家，一是宅男，而作家往往又是宅男，消耗更大。偏偏魏晋时代纸张造价昂贵，与干宝同时代的王隐就曾因为“贫无资用”而无纸著书，后在征西将军庾亮的资助下，才勉强得以完成《旧晋书》93卷。

干宝也遇到了纸张紧缺的问题，他解决问题的方法倒是胆大：直接跟皇帝要。苏易简在《文房四谱》一书中记载了干宝求纸的经过：“干宝表曰：‘臣前聊欲撰记古今怪异非常之事，会聚散逸，使自一贯，博访知古者。片纸残行，事事各异。又乏纸笔，或书故纸。’诏答云：‘今赐纸二百枚。’”

纸的问题解决后，笔也是个问题，因为当时笔的造价也不便宜。《梁令》记载了政府对用笔的规定：“写书笔一枚一万字。”抄写用笔，每支笔书写不得少于一万字。好在干宝有著书郎这份工作，需要经常去办公室，于是笔的问题解决了。众所周知，办公室的神奇之处在于，只要你的笔离开视线一刻钟，它就会自动消失。

干宝从建武元年（317）开始发愤著书，到咸康二年（336）终于完成《搜神记》，历时20年。这部志怪小说对后世影响极大，《干将莫邪》《董永》等故事皆脱胎于此书。《搜神记》一书甚至还影响到正史的修撰，其中的几十篇故事被房玄龄只字未动地搬进了《晋书•天文志》里。干宝原撰《搜神记》共有30卷，存世只有20卷，剩下的10卷和干宝同事的笔一样，丢了。

肥水不流外人田

1224年，东南亚地区开始天雷滚滚。越南李朝权臣、外戚陈守度废掉了自己的堂妹夫李惠宗李旵，改立年仅7岁的李佛金为皇帝。

这一声炸雷震动越南朝野。年龄小做皇帝不是问题，问题在于，这个新皇帝是惠宗的女儿，是个女孩。据说打雷是上帝在敲门，那么从女皇登基开始，上帝干装修了。

女皇李佛金的祖父和父亲当皇帝都很失败，是越南历史上著名的窝囊废。父子俩在位期间的主要工作是做导游，他们的身影出现在哪里，叛军就追到哪里。他们一直被追到越南海邑县刘家村，才在女皇的舅舅们支持下击败叛军，重新夺回皇位。军功章有大舅一半，也有二舅一半，从此越南李朝外戚专权，随随便便就把女皇的爸爸废掉了。

当时，新皇的人选有两个，一个是李佛金，另一个是李佛金的姐姐顺天公主。陈守度之所以立年幼的李佛金为女皇，一是因为她年龄小容易控制，二是因为姐姐这个时候已经出嫁了。

李佛金的姐姐嫁的是自己大舅陈承的儿子、表哥陈柳，这种近亲婚姻很常见，接下来的亲上加亲才开始让人迷乱。

女皇李佛金登基后，舅舅陈守度便开始为她介绍对象，而这个对象，恰恰又是大舅陈承的儿子、自己的表哥陈煚。据《大越史记全书》记载，7岁的李佛金对自己的表哥很满意，“见而悦之”，于是姐俩嫁了哥俩。

从此，越南新娘产业开启自产自销模式，并愈演愈烈。

天彰有道二年十二月十一日（1226年1月10日），陈守度突然发动政变，废掉了刚登基一年的女皇李佛金，把她家的男人全部活埋了，只留下她的姐姐顺天公主，并改立女皇的丈夫陈煚为新皇。从此，越南开始了陈朝时代。

女皇被要求退位的理由是：“以一阴而御群阳，众所不与，必致悔亡。”李佛金本来的志向是三宫六院七十二男妃，被废的女皇做起了皇后，做得很郁闷，大约因为越南国名叫“交趾”不叫“交手”，一直生不出孩子，到20岁，越南新娘还当不上娘。

女皇让位后一肚子气。陈守度说为国运着想，她应该马上与皇帝陈煚离婚。更可气的是，李佛金与皇帝离婚后，前夫迎娶的新皇后竟然是她的亲姐姐，也是她的前妯娌顺天公主。以陈煚的身份推，他娶的是自己的嫂子。越南食品里没有饺子，大概受此事件影响。

迎娶了自己的前嫂子，也就是自己的表妹，也就是自己的前大姨子的陈煚婚后发现，他的前嫂子确实像饺子，带着馅儿过来的——怀孕了，肚子里的孩子是他亲侄子，生下来封了靖王。

再往后已经不是“扫雷”，是发疯版的“连连看”。在这眼花缭乱的关系网的基础上，还有百尺竿头。

陈煚娶了嫂子之后，两人通过努力又生下了一个男孩，这个男孩就是后来的陈圣宗。本着“肥水不流外人田”的原则，陈圣宗长大后娶的老婆，就是自己亲妈和自己的亲伯父陈柳生下的女儿，他的同母异父姐姐，也是他的堂姐。令人目瞪口呆的是，陈圣宗和这个血缘关系亲得不能再亲的老婆，居然生出了孩子，孩子不但没有缺陷，反倒聪慧异常，长大后不但成为陈朝第三代君主陈仁宗，还是佛教禅宗竹林派创始人。一层一层的雷，密集得如同Win10系统自带游戏。

前女皇李佛金被离婚20多年后，前夫陈煚大发善心，将她送给了自己的属下黎辅陈。李佛金和黎辅陈婚后生下一儿一女。

而造成这种混乱婚姻的陈守度自己也不甘居于人后，他也娶了个老婆，这个老婆就是女皇李佛金的妈妈、自己的堂妹陈蓉。至此，上帝已经改行敲鼓了。

从此，越南陈朝皇族近亲婚配成为惯例，此后的皇帝百折不挠地坚持近亲结婚，后来的陈英宗、陈明宗、陈裕宗全都娶了同族堂妹为妻。

越南上空天雷滚滚、绵绵不绝，登基就打雷。登机也打雷，笔者现在就因航班延误滞留机场，饿得腹中雷声作响。

耶稣的中国亲戚

据《圣经》的说法，上帝是计划生育模范户，就耶稣这一个儿子。但到了19世纪中叶，耶稣突然就多了一堆弟弟。事件的起因是这样的：

1837年广东科举府试，花县青年洪火秀再度落榜。残酷的成绩一下一下捣击着他的躯体和灵魂，终于使他变成了考试专用铅笔——2B，崩溃了，发疯了。洪青年神情恍惚，满房间跳跃，手舞足蹈，口中念念有词，若配上音乐，俨然广场舞领舞大妈，嗨得神魂颠倒。

就是因为洪火秀这次发狂，耶稣多了个弟弟。

根据洪火秀清醒后的回忆，他发疯时神游到了天庭，遇到一对老夫妇和一名男子。老夫妇自称是洪火秀天上的父母，男子则是他天上的大哥，召洪火秀上天有三个目的：一是父子兄弟相认，二是邀他助战降魔，三是再派他到人间降妖除魔。并在洪火秀临行前赐他“太平天王大道君王全”封号。

幻境一直萦绕洪火秀心头，历历在目，直到六年后，他读到《劝世良言》一书才恍然大悟。《劝世良言》是一本中译版《圣经》，洪火秀研读后，觉得这本书是一把钥匙，不但解答了疑惑而且开启了心智。他按图索骥、复盘推测，书中的内容与他的梦境不断互证，终于确定了梦中三人的身份分别是上帝耶和华、圣母玛利亚和耶稣。支持他的最有利的证据是“洪火秀”这个名字：一是“洪”字在《劝世良言》一书中反复出现，二是在梦境中，他天上的父亲名字里有“火”字——《劝世良言》里“耶和华”被译成“爷火华”。就是这些荒唐可笑的联系，让洪火秀认为自己是上帝之子，于是为避家讳，自作多情地将名字由“洪火秀”改成了“洪秀全”。

洪秀全这场梦境的有趣之处在于重新构建了天堂体系和家庭结构，使虚渺的天庭变得具象直观，上帝与耶稣被人格化。《圣经》中说上帝是无形的，“从来没有人见过上帝”，但在洪秀全的幻梦中，上帝的长相落到了实处，“头戴高边帽，身穿黑龙袍，满口金须拖在腹”。由此推断，洪秀全应该看过电影《魔戒》，上帝就是甘道夫。

按洪秀全描述的天父长相，作为二儿子的洪秀全和他爹的外貌迥然不同，会引起信众对他身份的质疑。洪秀全的说辞是自己长得像大哥耶稣，而耶稣的长相只在《以赛亚书》第53章有过简单介绍：“他无佳形美容，我们看见他的时候，也无美貌使我们羡慕他。”这个说了等于没说的介绍，让洪秀全钻了空子，他斩钉截铁地说自己就是上帝的二儿子。长相不是问题，一中一洋的著名连体婴儿海尔兄弟，相貌也是背道而驰的。

那么，洪秀全长什么样？美国传教士罗孝全的描述为：“他外表平凡，身高约五英尺四、五英寸许，脸庞圆润，身强力壮，体形匀称，颇为英俊，中等年纪，举止优雅。”除了身高162厘米左右，其他描述过于含混。幸有山寨版可做参照，孙中山的侍从赵超在《党史拾零》一书中说，孙中山少年时代曾遇见一名流亡的太平军将领，说孙中山和洪秀全长得一模一样，如同复印。若以洪秀全的伦理逻辑推演，孙先生也是上帝的儿子、耶稣的弟弟了。这个推论倒也勉强说得过去，上帝是“天神”，孙先生是“逸仙”，还是有联系基础的。

洪秀全的梦魇景象在梅谷的《太平叛乱》一书中有翔实的记载。根据该书描述，上帝是慈祥的，天母是温柔的。在天上，洪秀全的天父指导他读劝善的书籍，但洪秀全愚钝，始终不开窍，于是天父逐字逐句教他。有时，天兄耶稣也过来指导，但这个大哥的性格暴躁，对洪秀全的顽劣十分恼火，非打即骂。由此，又扯出另一名家庭成员，耶稣的妻子。耶稣的妻子性格恬静贤淑，温柔之至，每当耶稣呵斥洪秀全的时候，天嫂都从中斡旋，劝抚自己的丈夫并安慰洪秀全。

天堂家族的成员不止上面提到的这几名。洪秀全在天上还有个叫“月亮宫人”的妻子，并为他生下一个儿子，所以上帝是有孙子的，耶稣是有侄子的。而且耶稣本人除了有妻，也有子。以上这些信息来自萧朝贵。

作为本土化山寨版基督教的“拜上帝教”，巫术中的神灵附体是其必不可少的舆论手段，太平天国里掌握这项技能的有两人：杨秀清和萧朝贵。两人角色分工不同，杨秀清负责上帝上身传达旨意，萧朝贵则负责耶稣上身。

《天兄圣旨》一书记载了1848年萧朝贵被耶稣上身的事件，耶稣这次附体对整个天堂家族的介绍极为细致。耶稣借萧朝贵之口说，距洪秀全离开天堂已经11年了，其间发生了很多事，洪秀全天上的儿子成长得不错，跟祖母，也就是上帝的妻子玛利亚住在一起。而洪秀全在天上的老婆“月亮宫人”，和妯娌，也就是耶稣的老婆天嫂的关系也是无比融洽。她十分想念地上的老公，责怪他不回家，让她独守空房。这个女人的口音有趣，说的是客家话，她用客家话补充说：咱家大嫂，耶稣的媳妇又生了，现在耶稣有三男两女五个孩子，大的18岁，小的11岁，跟咱家儿子玩得可好了。

天兄的代言人、肉喇叭萧朝贵在这次上身时又向大家介绍了一名家庭新成员——大慈大悲的观世音菩萨，过程充满了喜剧色彩：因为观世音的思想和“拜上帝教”的教义有冲突，无所不能的上帝不许她下凡，但上帝知道观世音的心肠很好，就收她做了干女儿，所以说，耶稣和洪秀全还有个大姐。有没有姐夫？应该有，因为观世音穿的衣服和新娘的婚纱一般无二，按照萧朝贵所言，大概正准备出嫁。这就牵扯出了姐夫是谁的问题，但萧朝贵每次上身只能持续一个小时左右，因为时间有限，没有详细交代就《难忘今宵》了。

现在，耶稣有父母妻儿，还有干姐观世音、二弟洪秀全、弟妹和侄子。然而盘点还没有结束，上帝家族的户口本，是一部比《圣经》还要厚的长篇小说。从1848年开始，上帝家族又新晋了一批成员。这一年，杨秀清和萧朝贵被上帝和耶稣频繁上身，次数多到让洪秀全怀疑杨、萧两人不是兄弟而是姨妈，每个月都来找他。也就在这段时间，两人通过上身为耶稣和洪秀全介绍了一批弟弟，这些弟弟，就是太平天国后来的高层核心“东、南、西、北、翼”五王，上帝家族兄弟排序：耶稣、洪秀全、杨秀清、萧朝贵、冯云山、韦昌辉、石达开，一共七个，天国版的“葫芦兄弟”。

“葫芦兄弟”导致整个上帝家族人口急剧膨胀，按太平天国的公告，七兄弟所生的孩子全部是家族成员。耶稣不但多了一群兄弟，还多了一堆侄子，并且在人间也有了一个儿子。太平天国定都南京后，洪秀全自作主张把儿子洪天贵福过继给耶稣，这样，耶稣在人间的香火也能得以延续。因此，洪天贵福既是洪秀全的儿子，也是耶稣的儿子。

太平天国家族系统是双核的，具备两套伦理运算内核。在耶稣的这些子侄中，萧朝贵的两个孩子身份比较特殊。萧朝贵娶的是洪秀全的妹妹，洪秀全的妹妹也算是耶稣的妹妹，1849年12月18日，耶稣借萧朝贵之身，在平在山下凡时也肯定了这层关系：“朝贵……是朕妹夫，又是秀全妹夫，又是云山、秀清等妹夫……” 这样，萧朝贵既是耶稣的弟弟，也是耶稣的妹夫。所以萧朝贵的两个孩子既是耶稣的侄子，也是耶稣的外甥。确实如此，天国文件里他们的身份是“天甥”。

太平天国自娱自乐给耶稣安排的这批家人，极言虚妄，不足凭信。不但世人不信，就连他们自己也底气不足。

1854年，“耶稣的三弟”，太平天国的东王杨秀清做贼心虚，写信给路过南京的英国“响尾蛇”号船长麦勒西，咨询了很多问题：“上帝有几个子女？耶稣有几个子女？子女的年龄有多大？上帝和耶稣各有多高？肚子多大？长不长胡子？戴什么样的帽子？穿什么样的袍子？脾气怎么样？酒量有多少？会写诗吗？”诸如此类的问题，一口气问了50个。若加上“耶稣小时候数学成绩好不好”“上帝揍他吗”，就是档访谈节目《秀清有约》了。

“响尾蛇”号的船员没受过神学教育，但很重视这些问题，临时召开了宗教会议，搬出《圣经》讨论，并逐条回答，结果是英国人全盘推翻了太平天国构建的天国体系。这让亟待充实业务知识、提高自身修养、妄图得到权威认证的杨秀清很恼火，嘴像抹了开塞露，喷个不停：“响尾蛇是白素贞放屁，‘响尾蛇’号是白种人放屁……”

大王亲自去巡山

太平天国封王数量之巨，空前绝后。天国晚期，民间最火的歌谣是“王爷遍地走，小民泪直流”，而天王府官方广播则是：“亲王大甩卖，以前十块、五块的王，通通五毛！个个五毛！亲王大甩卖，以前十块、五块的王，通通五毛！个个五毛！”大喇叭循环播放。

太平天国早期封王还是很克制的。1851年太平军攻陷永安后，共分封五王：东王杨秀清、西王萧朝贵、南王冯云山、北王韦昌辉、翼王石达开。这五个王并不是权力相当、平起平坐的，而是按“东、西、南、北、翼”的顺序排列座次。这个排序是以个人能力与贡献而定的，分三等：东、西两王有特异功能，上帝和耶稣传达天堂旨意时要借助他俩的身体，一等；南、北两王在天国早期活动中出谋划策，多次化解危机，二等；翼王石达开家族出资较多，但此时锋芒并未展露，加上年纪尚轻，只有20岁，三等。在一等的东、西两王中，东王杨秀清最大，有权节制诸王。而杨秀清名义上的直接领导、天国精神领袖洪秀全不与这些王排序，他是双汇，“王中王”。

如果用扑克牌比喻的话，大王是洪秀全，小王是杨秀清，黑桃K是萧朝贵、红桃K是冯云山、草花K是韦昌辉，方片K最小，是石达开。按天国身份的界定，五王加洪秀全都是上帝的儿子，所以，这套牌的主人是上帝，上帝应该是那张生产商广告牌。

太平天国前期的王位含金量还是很足的。永安封王后，天国发文："非金田同谋首义，建有殊勋者不封王爵。"这个规矩实际上堵死了封王之门，但留了一条缝。三年后的1854年，出现了两个新王，顶天侯秦日纲因为军功卓著，这年5月升级为燕王，胡以晃 6 月被封为豫王。秦、胡两人虽封王，但与前面五王不是一个级别，是四等王。四等是分水岭，《天父下凡诏书二》里记载了洪秀全对秦日纲说的一段话："尔今日得在金龙殿内坐宴，是天父大开天恩与尔者也。朕同胞等皆是亲承帝命下凡，顶天父天兄纲常者。以理而论，惟朕及胞等始可在此金龙殿设宴。"由洪秀全这次破例开恩让秦日纲同桌晚宴可知，四等王不算上帝的家族成员，算天使。天使，就是天天被使唤，被呵斥得灰头土脸就成蝙蝠了。燕王由天使变蝙蝠也对，蝙蝠俗称"燕巴虎"。

1856年，太平天国领导层发生严重内讧，东王杨秀清独断跋扈，企图弑君篡位，天王密诏北王、翼王、燕王，杀掉了东王。兔死狗烹，天王事后翻脸杀了北王、燕王，翼王石达开愤然出走。因南王冯云山、西王萧朝贵早已战死，豫王胡以晃病死，所以天京事变后除了天王和隔壁老王，再无王。天京事变后，洪秀全再也信不过异姓王，隔壁老王的行径地球人都知道，不可能得到提拔。另据太平天国颁布的《钦定敬避字样》规定"不得单称王字”，姓王不能封王，若想受封要改姓汪或黄，姓阎的也不能封王，于是三年无王。

天国再次封王始于1859年，这年春天，“拜上帝教”早期骨干、洪秀全族弟洪仁玕从香港辗转到达天京。洪秀全大喜，先封其为干天福，继封干天义护京主将，“四月初一日，改封九门御林开天精忠军师干王，赐福千岁同八千岁”，总理全国政事。

洪仁玕连金田起事都没参与，又无政绩，无功膺爵，众多不服，洪秀全为服众，只能不停封王。根据《李秀成自述》，洪秀全“见封其弟两月之久，一事无谋，已知愧过，难对功臣，故先封陈玉成为英王”；英王受封，李秀成又不服，为了平衡，封李秀成为忠王；蒙得恩又不服，再封蒙得恩为赞王；李世贤又不服……于是侍王、辅王、章王、顺王、护王，只要不服就能封王。最后广东、广西跟出来的老兄弟说水土不服，也能封王。

太平军将领、昭王黄文英被俘后供称：“起初是有大功的才封王，到后来就乱了，由广东跟出来的都封王，本家亲戚也都封王。”由是，天国的王开始泛滥，直到天京被攻陷，一共封了“二千七百多王”，再加上“义、安、福、燕、豫、侯”六爵，六爵中每一类都有数千人。甚至还有外国人受封，1860年10月，美国传教士罗孝全到天京，被赐封为接天义。“满朝之内，皆义皆安”，南京城里全是官，大王亲自去巡山，群众反倒成了稀罕物，出门就被围观。

天国权贵虽多，却也乱而有序。昭王黄文英供称，天国后期，王爵自天王以下分为五等：“若从前的东、西、南、北四王，翼王、现在的干王执掌朝纲，是一等王；若英王、忠王、侍王执掌兵权，是二等王；若康王、堵王、听王会打仗的，是三等王；若我与恤王是四等王；那五等王一概都叫列王。”

1860年，英国传教士艾约瑟和干王洪仁玕有过一次对话，洪仁玕向他详细介绍了天国大王的排序：“现共有十一个王：一、天王；二、西王的继承者萧有和；三、东王的继承者萧有福；四、干王洪仁玕；五、翼王石达开；六、英王陈玉成；七、忠王李秀成；八、赞王蒙得恩；九、侍王李世贤；十、辅王杨辅清；十一、章王林绍璋。”其余的数千列王因为汉字不够用，在“王”字上面加三个点，意思是小王。也有借鉴扑克的图像区分法：大王彩色，小王黑白。

其余“义、安、福、燕、豫、侯”六爵，按罗尔纲《太平天国史》一书的说法，为了区分只能数字化管理，给他们编号，如：“1467天福”“1469天豫”“1573国窖”……只有编号1024的爵比较特殊，既叫“二进制天义”，也叫“一生平安天义”。

燕子李三传奇

左脚一踩右脚尖，“噌！”右脚又一踩左脚尖，“噌噌！”左脚再一踩右脚尖，“噌噌噌！”声音刚落，只见人已经上了房。这种轻功绝技叫“燕子三抄水”，其发明人燕子李三先生斩钉截铁地说：“吃饱，换上耐磨的鞋，登月的阿姆斯特朗就得下岗！”身后的背景板上画着13头牛在天上飞，是的，牛都被吹上天了。

“燕子三抄水”如此神奇，若不是顾忌《午夜凶铃》贞子版权，《燕子李三》剧组恨不得让燕子李三从电视里蹿出来。真实的燕子李三到底有多牛？且看他当年的辩护律师蔡礼的回忆：“燕子李三确实会一些武功。他能头朝下，身子像壁虎一样紧贴墙壁往上爬，他曾在白塔寺高高的大殿墙壁上爬过，这一招儿叫‘蝎子爬’……他随身带一条绳子，绳子一端拴一个铁爪子，把绳子往树上或木梁上一扔，铁爪就抓在木头上，他便顺绳子爬上去了。”根据蔡律师的回忆，燕子李三还会缩骨术：“他的脚后跟骨一缩，铁镣就脱落下来。所以他在北平曾七次被捕，七次脱逃。”燕子李三七擒七逃，带着一堆袜子顺绳子爬……我眼前浮现的是一只长得跟孟获一模一样的大蜘蛛。

这个“孟获牌蜘蛛”原名李景华，1898年生于蓟州，后转至涿州。燕子李三小时候给人放牛、做零活，业余学了点武功，他19岁时跟走江湖的班子到洛阳卖艺，班子丢了东西，怀疑是他干的，就把他赶走了。燕子李三生活没了着落，于是开始了他传奇的偷盗生涯。洛阳警备司令白坚武、皖系军阀首领段祺瑞、国务总理潘复、执政府秘书长梁鸿志、奉系军阀头目张宗昌……这些人都给李三做过贡献。

坊间传闻，燕子李三每次作案后都会在墙上写下“燕子李三”四个大字。这事儿稍微有点扯，因为燕子李三没上过学，根本就不识字，连佐罗都不如，毕竟他那个外国同行还会写个字母“Z”。最被认可的说法是，他作案后会留下一个折纸小燕子在现场，既诗意又浪漫，据说五阿哥天天盼着家里被盗。

江湖上关于燕子李三的这些传奇都不算传奇，真正让他大红大紫的传奇故事发生的地点匪夷所思。

1934年，燕子李三被捕，被关押于北平感化所。其被关押期间，北平连发盗窃大案，作案手法与他极为相似。除了他以外，似乎没人能作这样的案子。为此，警察曾专门去感化所检查，发现燕子李三确确实实像端午粽子一样五花大绑躺在牢里。“哥不在江湖，江湖却有哥的传说。”

事实上，这些案子就是燕子李三作的，“我一直在你身边从未走远”。

李先生这只小燕子在黑道声名远播，红过赵薇。北平感化所有如此巨大的明星莅临指导，从狱警到囚犯都激动坏了，他们涂红脸蛋、手拿鲜花、夹道欢迎，现场充满了融融的暖意。李先生摆动小手、微笑点头、亲切致意，他来到群众中间，嘘寒问暖，详细询问感化所职工的生活状况。这一问，出事了。

感化所巡官史海山向燕子李三反映，自己女儿已经出嫁，老两口仅靠他的几百元工资维持生计。除史海山外，感化所还有很多的困难群众纷纷反映自己的情况。燕子李三详细了解情况后说：“我会想方设法解决你们的实际困难，帮助你们不断改善生活。”燕子李三帮助他们解决困难的方法特别感人：李先生白天在监狱正常当粽子，晚上加夜班出去劫富济贫，改善感化所全体职工生活。

此后，燕子李三在狱警的协助下，白天坐监，晚上作案。到这一步，性质完全变了，燕子李三已经向浪漫主义狂奔，活脱脱“行为艺术家”范儿了。燕子李三一而再、再而三地不断作案，北平富户家中被他贴满了纸燕子，满墙的“赵薇”倒是省了年画。北平豪绅的资产源源不断地流进感化所，让巡官史海山眉开眼笑，自然帮着燕子李三改善生活，李先生的服刑几乎是在度假了，除了锦衣玉食，狱警还给他找女人，他居然和其中一个谈起了恋爱，而且那女人居然要和他结婚，“劳燕分飞”这个成语差点羞愧自杀了。

李先生白天吃喝玩乐谈恋爱，晚上上岗再就业，以为幸福万万年。常言道：“常在河边跑，除非光着脚。”燕子李三作案时有个怪习惯，每次必穿五双袜子，原因是为掩盖脚步声。终于有一天，袜子湿了。

事情出得很蹊跷，案发的原因并不是出现在最危险的现场作案环节，而是出现在最安全的销赃环节。燕子李三每晚将盗回的赃物交给史海山，史再脱手给下家。史海山不像燕子李三只有一个下家，他是看哪里出价高就卖给哪里，结果竟然将偷来的赃物卖给了失主，如旋转料理台一样，转了一圈又回到了原点。失主看见赃物，报案。Game over。

然而传奇却还在继续，警察厅只知史海山嫌疑重大，于是审问史，并没怀疑到燕子李三头上。燕子李三得知消息后，马上换夜行衣溜出牢房。让人瞠目结舌的是，他竟然不是逃亡，而是爬上审讯室的屋顶偷听警察审问史海山。再接下来的传奇更是让人哭笑不得，这个屋顶陪审员李先生突然烟瘾发作，打了个喷嚏，彻底over。

燕子李三重回监房，这次像电机绕线一般被捆得密不透风。李先生由粽子摇身一变成了蚕茧，本打算春天破茧而出，怎奈茧壳没留通风口，憋屈死了，这一年是1936年。

“三进三出”李季风

1941年12月31日夜里十一点多，长春《大同报》编辑李季风刚刚与妻子许下新年愿望，便被破门而入的伪满警察带走传讯了。李季风觉得太神奇了，刚许愿离开自己的倒霉老婆，转眼便实现了。

生活是乏味的，必须有神奇的人和事出来调剂和刺激，李季风就是担负起这个使命的人。

伪满警察给李季风定下的罪名是领导“青年读书会”进行“反满”活动。经突击审讯，属于误会，“青年读书会”确实存在，但读书会真的只是读书，没有进行任何非法活动。据参加活动的成员回忆：“这种读书活动，我当时并没有觉察到有什么组织背景，也没有想过书的来源和流传的渠道，以为只是共同爱国情感的自然拥抱。就连‘读书会’这个名称，也是‘文革’期间组织向我讯查某些老大哥方面的历史时才听说的。”

鉴于当时伪满洲国确实有一些以读书为掩护的非法集会，警察没有当场释放李季风，而是将他留在警局共度新年。年夜饭有葱烧排骨、红烧牛肉、原盅鸡汤、鲜汤虾仁、香菇炖鸡、老坛酸菜……丰盛到不知该泡哪包好了。

在伪满警察看来，这个被误抓的文学青年虽然自身清白，但他身边的朋友令人起疑，于是将其软禁在长春头道沟中村旅社中继续盘查。

李季风在长春文艺界是有一定地位和影响的，人称“东北小鲁迅”，因此警察不但没有为难“小鲁迅”，还争取他投靠伪满阵营。按《长春史志》的说法，他们变换手法妄图感化他归顺日伪，以便控制文艺阵地，为殖民地文化专制服务。实际上，伪满警察这么做完全没必要，李季风一直在为伪满政府服务，他供职的《大同报》，就是伪满政府的机关报，是秉承日本旨意、宣扬殖民思想的奴隶性报纸。

警察一直不放李季风，是想让他做搜索引擎，获取信息抓捕反政府成员，遗憾的是，这项工作一直没什么进展。一是因为怀揣民族大义的“东北小鲁迅”一直横眉冷对这些千夫所指的警察，誓不俯首甘为孺子相当牛气；二是因为李季风确实不认识什么反政府武装分子。

就在警察准备放弃的时候，李季风做出了莫名其妙的举动。

1942年1月13日，天降大雪，被软禁13天的李季风发现监视他的特务不在身边，于是打开洗手间窗户，从二楼跳到雪堆上，忍着脚骨摔伤的剧痛，逃往好友家藏匿下来。

李季风之所以逃跑，是因为对失去自由的恐惧。不过这一跑，性质就变了，警局疑心顿起，马上展开抓捕行动，“雪地上本没有路，李季风走过就有了路”，警察顺着脚印就把“小鲁迅”找到又抓了回来。要不是日本人有毛病，就是李季风没毛病，李季风被捕后，警察再次审讯，依旧没有发现任何疑点。

鉴于李季风已经越过一次狱，警方加强了看守。然而，就在当年11月5日，李季风又一次趁日本看守不备，以打开水为由，再次逃脱。丢失热水瓶的看守又急又恼，望着葱烧排骨、红烧牛肉、原盅鸡汤、鲜汤虾仁、香菇炖鸡、老坛酸菜……都不知该干嚼哪包好了。

两次被捕又两次逃脱的李季风，在东北文学圈成为传奇。日本人不停地找他，可就是找不到。“最危险的地方，就是最安全的地方”，这句话版权不明，“小鲁迅”认为是大鲁迅说的，于是跑到了伪满洲国协和会中央本部的办公楼里躲了起来，这是一幢综合楼，其中一层是《青年文化》杂志办公地，李季风的朋友正是这个杂志的编辑。他的这个朋友很有想法，在“最危险的地方，就是最安全的地方”的理论基础上，提出了“最埋汰的地方，就是最安全的地方”的藏匿理念，他把“小鲁迅”塞进了厕所，为避人耳目，以厕所损坏为由，将门钉死，每天给李送饭，怕李季风无聊，还从门缝塞进了《一个都不正经》《大家都很2》《历史就这七八样》《十三不靠》《人五人六》之类的厕所读物。李季风在厕所藏匿一周后，化装潜逃，先后在抚顺、本溪、沈阳等地藏匿。

1945年4月，认为风声已过的李季风，按捺不住骚动的心，来到了沈阳最繁华的中街，面对着熙熙攘攘的人群，他感慨道："自由真好！"话音未落，便被日本特务警察发现了。

《一二·三〇事件始末》一书描述的抓捕情景很戏剧化。李季风先是和特务厮打，边打边喊："警察打人啦！警察打人啦！"这一喊迅速引起群众围观，迅速围得水泄不通，所以完成调剂群众乏味生活使命的李季风无法光荣谢幕悄身隐退，第三次光荣被捕。

这一次，日本人再不敢大意，将李季风关押在沈阳北陵监狱。神人自有神运，日本人对他的审讯和关押，居然按照法律程序走，这一走程序，就拖了几个月，于是令人吊诡的好运降临了：1945年8月15日，日本人投降了。三天后，李季风光荣出狱了。

一进，一出；又进，又出；再进，再出。这动作过于暧昧，也不清楚是日本人关押了李季风，还是李季风凌辱了日本人。然而，传奇并未就此结束，1945年8月，刚刚出狱的李季风，七天后在沈阳大东关十字街路遇国民党特务，被残忍地杀害了。

这个逆转实在莫名其妙。对于出狱的爱国志士，国民党没有理由对其戕害，除非他是共产党，但根据资料所述，李季风不是共产党，甚至连共产党都不认识（这也解释了为什么他三次被捕、两次越狱，却并未被日本人迅速处决）。

笔者推测，李季风之所以被杀害，可能因为他遇见的特务是东北人。“三进三出”俨然白马银袍常山赵子龙附体的李季风，行走在街上必然是引人注目的，于是问围观他的国民党特务：“你瞅啥？”特务说：“瞅你咋地？”

张发财

生于东北，现居南宁

不严肃设计师，非正经历史写作者

演过金马奖影片，写过人民文学新人奖作品

已出版作品：

《一个都不正经》

《大家都很2》

《历史就这七八样》

《十三不靠》

《人五人六》

微博：http://weibo.com/zhangfacai

欢迎关注“岳麓书社”微信公众号

REN WU REN LIU

人五人六

作　　者｜张发财
出版统筹｜曾德明
　　　　　马美著
责任编辑｜陈文韬
责任校对｜舒　舍

封面设计｜曾善军
封面题签｜陈生学
版式设计｜罗志义
　　　　　李　倩
营销编辑｜谢一帆